Inhalt

Vorwort

Der touristische Besucher Indiens kommt mit ein paar Hinweisen aus. Er bewundert das Rote Fort in Delhi, ist bezaubert vom Tāj Mahal in Agra, reist weiter durch das farbenfrohe Rājasthān, fliegt von Jaipur nach Madras, um in Mahābalipuram und Kāñcipuram großartige Monumente der Hindu-Kultur zu betrachten, und macht vor dem Rückflug nach Europa einen Abstecher ins Königreich Nepāl, um einen Blick auf die Schneegipfel des Himālaya zu werfen. Wer so reist, hat zwar bewegende Erlebnisse, ist aber am Ende von den Widersprüchen und Kontrasten Indiens erheblich verwirrt.

Denn Indien ist mehr, als man durch Bereisen des Subkontinents verstehen kann. Die Vielfalt der indischen Kultur wird nur demjenigen überschaubar, der sich auch durch Lektüre mit ihr vertraut macht: mit den ethnischen und sprachlichen Verschiedenheiten, mit den ursprünglichen und den übernommenen Religionen, mit den Göttern der Hindus und mit der Kunst. Die Mühe lohnt sich, denn es gibt kaum einen philosophischen oder religiösen Gedanken, der nicht irgendwann in Indien gedacht worden und in Texten auf Sanskrit, Pāli, Prākrit oder in neuindoarischen Sprachen überliefert ist.

Darüber hinaus ist Indien kulturell die Mutter Süd-, Zentral- und Südostasiens, zum Teil auch Ostasiens. Die Stūpas von Ceylon, die Ruinen von Takṣaśilā (Pākistan), die Buddhaskulpturen von Bāmiyān (Afghanistan), die Klosteranlagen Tibets, die Fresken in den Höhlen der Seidenstraße (Westchina), die Grotten von Lungmēn (Mittelchina) und die lamaistischen Klöster in Peking, die Holztempel und -pagoden in Nara und Kyōto (Japan), die Sakralbauten von Angkor (Kamboja), der Borobodur und der Prambanam auf Java (Indonesien), die Ruinenstadt Pagan und die Shwe-Dagon-Pagode in Rangun (Burma, jetzt Myanmar) – alle diese und Hunderte andere Kulturdenkmäler im Umkreis Indiens sind aus der indischen Kultur zu verstehen. Zuerst war es der Buddhismus, später der Hinduismus, der die Länder Asiens religiös und kulturell bereicherte; zu Recht spricht man vom »Indoasiatischen Kulturkreis«. Auch der chinesische Geist hat auf die Länder Asiens ausgestrahlt, allerdings in geringerem Maße und geographisch begrenzter als der indische.

Das vorliegende Buch behandelt die Grundzüge von Hinduismus und Buddhismus, deren Göttern und Buddhas der Besucher Asiens in Tempeln und Museen auf Schritt und Tritt begegnet. Es basiert auf Vorlesungen, die der Autor während seiner zwölf Jahre in Indien und acht Jahre in Burma und Ceylon an Universitäten und Kulturinstituten gehalten hat. Viele der einheimischen Zuhörer fanden es fesselnd, mit einem deutschen Indologen über ihre Religion zu diskutieren und ihr Bekenntnis aus der Warte der westlichen Religionswissenschaft zu betrachten. Jeder Vortrag war ein Lernen für beide Seiten, und jedesmal wurde das Manuskript korrigiert oder um das neu Erfahrene ergänzt.

Als hilfreich empfanden es die Zuhörer, die Wiedergeburtsvorstellungen der indischen Religionen durch Diagramme dargestellt zu sehen. Da einige Graphiken und Aussagen in mehrere Zusammenhänge gehören, erscheinen sie auch in diesem Buch mehrfach und sollen als didaktische Repetition dienen. Das Buch ist gedacht für alle Asienreisenden, die dem »Oh-Erlebnis« der Kulturbegegnung das »Aha-Erlebnis« des Verstehens folgen lassen wollen.

Nicht alle indischen Quellen, die herangezogen wurden, sind in Sanskrit verfaßt. Die Sprache der frühbuddhistischen Texte ist Pāli, das sich vom Sanskrit durch lautliche und grammatische Vereinfachungen, die Assimilation von

Konsonanten und durch Silbenkontraktion unterscheidet. Es handelt sich also nicht um Druckfehler, wenn in dem Kapitel »Leben und Lehre des historischen Buddha« der Religionsstifter Siddhārtha Gautama in der Sprachform Siddhattha Gotama, das Nirvāṇa als Nibbāna und Karman (mit assimilierten Konsonanten und in eine vokalische Deklination überführt) als Kamma erscheinen. Die Übersetzung der Pāli-Wörter in die entsprechende Sanskrit-Form zur Vereinheitlichung der Terminologie wäre kein Problem, verbietet sich aber, da mancher Sanskrit-Begriff im Mahāyāna-Buddhismus weiterentwickelt wurde und vom Pāli-Äquivalent abweichende Inhalte angenommen hat.

Die Transkription indischer Worte in die lateinische Umschrift folgt dem international üblichen wissenschaftlichen System. Der »Wischnu« populärer Bücher wird dadurch Viṣṇu, »Krischna« erscheint als Kṛṣṇa und »Schiwa« als Śiva. An diesem Namen wird nicht nur die Aussprache von ś, sondern auch die Bedeutung der Vokalquantität deutlich. Da das i ohne Dehnungszeichen ist, wird Śiva nicht »Schiewa«, sondern »Schiwwa« gesprochen.

Ein Hinweis zur Betonung. Längere indische Worte werden in der Regel auf der drittletzten Silbe betont (z. B. Sarasvatī, Garuḍa, Gautama), ausgenommen, die vorletzte Silbe fordere die Betonung, weil sie die stets langen Vokale e oder o (Gaṇeśa, Aśoka) oder einen durch Dehnungszeichen gelängten Vokal enthält (avatāra, saṃsāra).

Von ganzem Herzen danke ich allen, die das Buch möglich gemacht und gefördert haben, voran meiner Frau Gerdi, die mich, statt am Schreibtisch, lieber bei der Gartenarbeit gesehen hätte, mich aber dennoch gewähren ließ. Der an der Universität Bonn tätige Indo- und Tibetologe Dr. Helmut Eimer und seine Frau, die Apothekerin Gertraud Eimer, haben in selbstloser Weise mehrere Wochen, davon einen Teil ihres Urlaubs, darauf verwandt, das Manuskript sachlich und sprachlich zu prüfen. Ihre Verbesserungsvorschläge, über hundert, sind bis auf wenige Ausnahmen in das Buch eingeflossen. Dankbar bin ich ferner den Bombayer Zeichnern Badri Narayn und Babuji Shilpi, die Illustrationen von Hindu-Göttern anfertigten, der Aachener Design-Studentin Geesa Kern, die fünf weitere Zeichnungen von Hindu-Gottheiten beisteuerte, und der Siegburger Künstlerin Cornelia von Hansemann, die mit 17 Abbildungen das Kapitel über die Ikonographie des Buddha Gautama bereicherte.

Hans Wolfgang Schumann

Hinduismus

Was ist Hinduismus?

Bücher über Hinduismus beginnen zumeist mit der Feststellung, daß diese Religion keine Kirchenobrigkeit und kein verbindliches Dogma besitze und jeder Hindu seine Glaubensinhalte anders definiere. Das ist zwar richtig, aber nur die halbe Wahrheit. Denn in den dreieinhalbtausend Jahren, die seit dem Entstehen der ältesten Werke in Sanskrit vergangen sind, hat sich erwiesen, welche Elemente in Notzeiten Trost spenden können und zur Daseinsbewältigung wertvoll sind. Aus dem Veda, den Brāhmaṇas und Upaniṣaden, aus der Bhagavadgītā, den Purāṇas und den Kompendien der Denker des indischen Mittelalters hat sich ein Kanon von Überzeugungen herauskristallisiert, der von keiner Kirchenautorität sanktioniert ist, aber durch stillen Konsens der Mehrheit der Bekenner als Hinduismus gilt. Jeder Hindu bündelt diese Inhalte anders, aber von vier Kernideen darf in seinem Glauben allenfalls *eine* fehlen, wenn er sich noch Hindu nennen möchte. Die vier Kernideen sind die Konstanten und die Lebensmitte des Hinduismus:

I Die Lehre von Wiedergeburt und Karman,
II die Annahme einer unsterblichen Seele (ātman), die mit der Weltseele (brahman) eins ist,
III die Vorstellung von einem Urgott – sei es Viṣṇu, sei es Śiva – die eine Kultpraxis möglich macht, und
IV die Überzeugung, daß es Wege zur Erlösung gibt.

I

Der Glaube, daß die Wesen mit dem Tod nicht ausgelöscht sind, sondern wiedergeboren werden, ist ein Kennzeichen aller in Indien entstandenen Religionen. Die Wiedergeburt ist nicht freiwillig, sondern unterliegt einer Weltmechanik, die keiner Beaufsichtigung durch einen Gott bedarf. Sie ist ein naturgesetzlicher Zwang. Immer wieder hat jeder den Tod, immer wieder hat er Geburt, Krankheit, Altern, Enttäuschung und Verlust zu ertragen – eine lange Strecke von Leiden liegt vor jedem. Wir alle sind Wanderer im Saṃsāra, im »Wiedergeburtenkreislauf«. Kein Wunder, daß die indischen Religionen darauf gerichtet sind, der ständigen Wiedergeburt zu entkommen und die Erlösung zu erreichen. In allen indischen Systemen wird die Erlösung als Freiheit vom Zwang zur Wiedergeburt definiert.

Die frühesten Belege für die Vorstellung von der Wiedergeburt finden sich in den Upaniṣaden, das sind Werke auf Sanskrit, deren älteste Bücher wohl im 7. Jahrhundert v. Chr. entstanden sind. So heißt es in der Bṛhadāraṇyaka-Upaniṣad:

> Wie eine Raupe, wenn sie das Ende des Grashalms erreicht hat, einen anderen (Halm) ergreift und sich zu ihm hinüberzieht, so ergreift die Seele, wenn sie den Körper abgeworfen hat, ... einen anderen (Körper) und zieht sich zu ihm hinüber. (BāU 4,4,3)

Als wer und wo jemand nach dem Tod wiedergeboren wird, ist keineswegs zufällig. Qualität und Ort der nächsten Existenzform werden bestimmt durch das Karman, das Naturgesetz von der Kausalfolge der »Taten« (karman). Auch diese Entdeckung geht auf die upaniṣadischen Seher zurück.

Entsprechend dem Titel Upaniṣad – abgeleitet von upa-ni-ṣad, »sich abseits zu jemandem setzen« (um esoterisches Wissen von ihm zu lernen) – behandelt die Bṛhadāraṇyaka-Upaniṣad das Karmagesetz als Geheimlehre. Sie berichtet von dem Zwiegespräch zwischen Yājñavalkya und Arthabhāga, in dem Yājñavalkya sagt:

»Arthabhāga, mein Freund, nimm meine Hand. Wir beiden allein sollten dies wissen und nicht vor den Leuten (besprechen).« Die beiden gingen hinaus und redeten miteinander. Was sie sagten, war Karman, und was sie lobten, war Karman. Wahrlich, durch gutes Tun wird man gut, durch schlechtes Tun wird man schlecht.

(BāU 3,2,13)

Schon seit langem ist das Karmagesetz kein Geheimnis mehr. Heute weiß jeder in Indien: Gute Taten führen im Wiedergeburtenkreislauf aufwärts, schlechte Taten führen nach unten.

Die vom Gesetz des Karman bestimmte Wiedergeburt beschränkt sich nicht auf die Menschenwelt: Man kann auch als ein Gott, ein Tier oder in der Hölle wiedergeboren werden. Die Hindu-Kosmographie unterscheidet fünf Weltschichten, in denen Wiedergeburt möglich ist:

Himmel (svaḥ)		Götter
Luftraum (bhuvaḥ)		Gandharven und Apsaras (himmlische Musikanten und Nymphen)
Weltsphäre (bhūr)	Erde (bhūr)	Menschen und Tiere
	Unterwelt (pātāla)	Asuras, Dānavas, Daityas, Yakṣas, Nāgas und Rākṣasas (gefallene Götter, Dämonen, Schattengeister u. Kobolde)
	Hölle (naraka)	Folterteufel und Gequälte

Von jeder Ebene zu jeder anderen kann die saṃsārische Wanderung eines Wesens verlaufen, also auch im Zickzack. Maßgebend für die Wiedergeburt ist allein die Qualität des Tuns im vergangenen Leben. In jeder Existenzform verweilt man so lange, bis das alte Karman abgegolten ist.

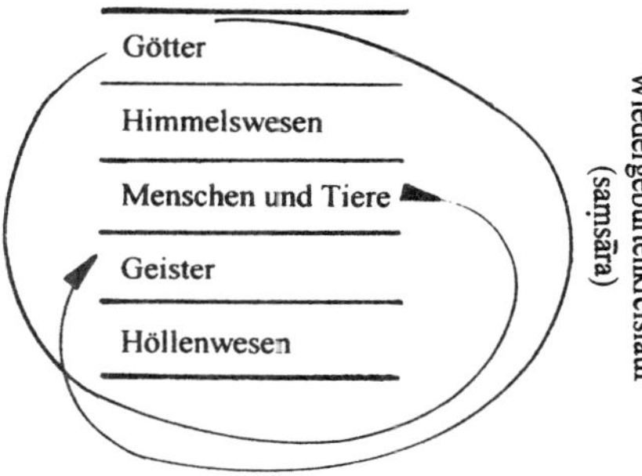

Das Diagramm des Wiedergeburtenkreislaufs macht deutlich, daß auch die Götter nicht erlöst sind. Da sie Götter sind aufgrund ihrer guten Taten aus früherer Existenz, endet ihr Götterdasein, sobald die Früchte jener guten Taten aufgezehrt sind. Auch Götter sind sterblich und unterliegen dem Zwang zur Wiedergeburt. Ausgenommen vom saṃsārischen Kreislauf sind nur die Ur-Götter Viṣṇu und Śiva.

Wiedergeburt und Karman werfen die Frage auf, wer es ist, der die verschiedenen Existenzen durchläuft: wer erntet die Wiedergeburt? – Wiederum geben die Upaniṣaden die Antwort. Es ist der individuelle Ātman, das »Selbst«, die »Seele«, die sich unter dem Zwang des Karman die verschiedenen Verkörperungen beilegt.

Eine anschauliche Beschreibung der Natur und Funktion des Ātman oder Dehin, der »einem Körper innewohnenden« (Seele), gibt die Bhagavadgītā:

> Wie die Seele in diesem Körper Kindheit, Jugend und Alter (durchlebt), ebenso erlangt sie (nach dem Tode) einen anderen Körper. Der Weise wird da(von) nicht verwirrt. (BhG 2,13)

> Sie (die Seele) wird niemals geboren, noch stirbt sie. Wenn sie existiert, hört sie nie auf zu sein. Ungeboren, dauerhaft, ewig und alt ist sie. Wenn der Körper zugrundegeht – sie wird nicht zerstört. (2,20)

Wie ein Mann, wenn er verschlissene Kleider abgeworfen hat, andere, neue, anlegt, so tritt die Seele, wenn sie die verschlissenen Leiber abgetan hat, in andere, neue, ein. (2,22)

Schwerter zerschneiden sie nicht, nicht verbrennt sie das Feuer, nicht benetzen sie die Wasser, nicht dörrt sie der Wind. (2,23)

Unzerschneidbar ist sie und nicht zu verbrennen, unbenetzbar ist sie und frei vom Verdorren,
unvergänglich ist sie und alles durchdringend, unerschütterbar ist sie, feststehend und ewig. (2,24)

Man kann die Seele in ihrer Wanderung durch die Daseinsformen vergleichen mit dem Seidenfaden durch ein Juwelenhalsband. Der Faden bildet das Kontinuum in der Abfolge von Steinen bzw. Existenzen, er stellt die Identität zwischen ihnen her.

Erlösung (mokṣa) aus dem Wiedergeburtenkreislauf ist erreicht, wenn die Seele von karmischen Bindungen frei geworden und nicht länger gezwungen ist, neue Verkörperungen anzunehmen.

Karman und Wiedergeburt setzen eine Zweiteilung der empirischen Person in Körper und Seele voraus. Der Körper (deha) ist vergänglich, die Seele (ātman) hingegen unzerstörbar und ewig. Wenn sie aber nach vorn, in die Zukunft ewig ist, muß sie auch in der Vergangenheit ewig gewesen sein. Die Ewigkeit der Seele wirft deshalb die Frage auf nach dem Ur-Anfang.

II

Es sind vor allem die ältesten Bücher Indiens, die etwa ab 1500 v. Chr. entstandenen Veden, die über den Ur-Anfang nachdenken. Sie geben dem Urprinzip, aus dem alles entstanden ist, mehrere Namen und stellen es sich teils personal, teils abstrakt vor, gehen aber konform darin, daß alles aus dem Einen (ekam) hervorgegangen sei. Das Eine war da, bevor die Vielfalt ins Dasein trat, auf das Eine geht alles zurück.

> Fürwahr, dieses Eine (ekaṃ vā idam) hat sich zum All (sarvam) entfaltet. (Ṛv 8,58,2)

> Das Eine (ekam) beherrscht alles, was sich regt und was feststeht, was geht und was fliegt, das Verschiedenartige, das verschieden Geborene. (3,54,8)

Da sich alles aus dem Einen entfaltet hat, muß auch die Seele aus dem Einen stammen. Dieses Idee wird erstmalig in den Brāhmaṇas ausgesprochen, d. h. in den Texten, die sich an die Veden anschließen und etwa dem 10. Jahrhundert v. Chr. angehören. Die Aufgabe der Brāhmaṇa-Texte ist, den Ablauf der Opferhandlung zu erklären.
Die Veden sprechen vom Urprinzip als dem Einen, die Brāhmaṇa-Texte führen dafür den Namen Brahman ein. Gemeint ist nicht der Gott Brahmā – dieser ist sehr viel jüngeren Datums – sondern das neutral vorgestellte Absolute: das Göttliche schlechthin. Das Brahman ist die Weltseele.

> Dieses Brahman ist das Höchste (jyeṣṭha), denn es gibt nichts Höheres … (Śat-Br. 10,3,5,10)

Aus dem einen Brahman entstanden die Welt und die Götter, das Brahman ist der Urgrund und das Wesen allen Seins.

> Fürwahr, zu Anfang war dieses (All) das Brahman. Es erschuf die Götter … (Śat-Br. 11,2,3,1)

In den Upaniṣaden wird die Identität der Individualseele (ātman) mit dem einen universalen Brahman zum Hauptthema. Mehr als alle anderen heiligen Bücher Indiens haben die Upaniṣaden dazu beigetragen, die All-Einheitslehre über Indien zu verbreiten.

> Diese Seele (ātman) wahrlich ist das Brahman (die Weltseele), (BāU 4,4,5)

stellt die Bṛhadāraṇyaka-Upaniṣad fest, und in der Chāndogya-Upaniṣad heißt es:

> Wahrlich, dieses ganze All ist Brahman ... (1). Dieses (Brahman) ist meine Seele im Inneren des Herzens, die winziger ist als ein Reiskorn, ein Gerstenkorn oder ein Senfsamen. ... Dieses (Brahman) ist meine Seele im Inneren des Herzens, die größer ist als die Erde, größer als der Luftraum, größer als der Himmel, größer als diese Welten (3) ... Diese meine Seele im Inneren des Herzens, sie ist das Brahman. In ihm werde ich, wenn ich von hinnen scheide, aufgehen (4). (ChU 3,14)

Vielleicht läßt sich die Identität zwischen dem Brahman und dem individuellen Ātman graphisch veranschaulichen: Das Brahman, das eigentlich immateriell und ohne Grenzen ist, gleicht einer gewaltigen Wolke; das Naturgesetz der karmischen Kausalität hat einen winzigen Teil dieser Wolke herausgesogen und für einige Zeit als Individualseele eingeschnürt:

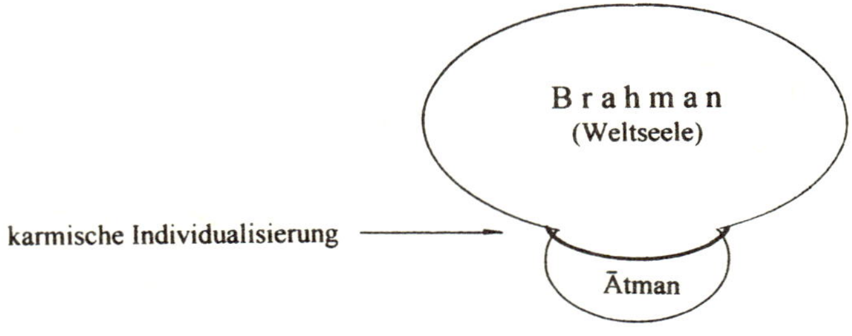

Die Graphik läßt erkennen, daß Ātman und Brahman nicht nur verwandt, sondern daß sie eins sind. Die Seelen aller Wesen sind Teil des Brahman. In allem, was lebt, ist das Göttliche präsent.

Die Sanskrit-Bezeichnung dieser All-Einheitslehre ist Vedānta, »Ende des Veda«, weil die Upaniṣaden, in denen sie formuliert ist, am Ende der vedischen Literatur stehen. Sie heißt auch Advaita, »Nicht-Zweiheit«, weil die Identität zwischen dem Göttlichen und der Welt ihre Kernbotschaft ausmacht. Als System formuliert wurde die Advaita-Lehre im Brahmasūtra des Bādarāyana (zwischen 200 v. und 200 n. Chr.) und in den Werken der berühmten Philosophen Śaṅkara (6. Jh. n. Chr.)* und Rāmānuja (gest. 1137). Beide haben Kommentare zum Brahmasūtra verfaßt und den Vedānta auch in eigenen Büchern behandelt – übrigens in sehr verschiedener Weise. Die europäische Philosophie bezeichnet Lehren, die alles auf ein gemeinsames Urprinzip zurückführen, als monistisch. Religionen, die das Göttliche nicht in einem transzendenten Gegenüber, sondern als etwas im Menschen selbst Vorhandenes erleben, nennt man mystisch. Die Advaita-Philosophie ist demnach eine monistische Mystik.

Zur Illustration des Advaita-Systems dient im folgenden Śaṅkaras Werk »Scheiteljuwel der Unterscheidung« (Vivekacūḍāmaṇi). Das Buch besteht aus 580 Strophen, die als Fragen eines Schülers und Antworten seines Lehrers (guru) stilisiert sind. Für das Brahman, die Weltseele, verwendet Śaṅkara manchmal den Ausdruck Paramātman, »Höchste Seele«, für den Ātman den Ausdruck Jīvātman, »Persönliche Seele«.

Śaṅkaras Definition des Brahman umfaßt sieben Strophen (Vc 465–471), von denen drei hier wiedergegeben werden:

---

* Der traditionelle Zeitansatz 788–820 oder 788–838 erscheint durch neuere Forschungen überholt.

Das Brahman ist Fülle, ohne Anfang und Ende, unermeßlich, unveränderlich, ein Eins ohne ein Zweites. Nicht gibt es hier (in der Welt) etwas anderes. (Vc 465)

Das Brahman ist von Natur das Seiende (sat), Geist (cit) und immerzu Freude (ānanda). Es ist inaktiv, ein Eins ohne ein Zweites. Nicht gibt es hier (in der Welt) etwas anderes. (466)

Das Brahman ist in jedem, ist von einem (einheitlichen) Geschmack, voll, ohne Ende und mit Blick in alle Richtungen, ein Eins ohne ein Zweites. Nicht gibt es hier (in der Welt) etwas anderes. (467)

Daß wir das Brahman nicht erkennen, obwohl es uns umgibt und wir mit ihm eines Wesens sind, ist das Ergebnis unserer »Unwissenheit« (ajñāna, avidyā). Sie ist es, die uns an den Kreislauf der Wiedergeburt (saṃsāra) bindet. Dazu Śaṅkara:

Für dich, der du (in Wahrheit) der Paramātman (die »Höchste Seele«, d.h. das Brahman) bist, entsteht aus dem Verstricktsein in Unwissenheit die Fesselung an das, was nicht deine Seele ist. Daraus resultiert dein (Herumirren im) Geburtenkreislauf (saṃsṛti) ... (Vc 49)

Die Meinung, ›das Ich (aham) ist in dem, was (in Wahrheit) nicht die Seele (anātman) ist‹, ist der Menschen Fessel. Diese Meinung stammt aus der Unwissenheit und ist die Ursache der Anhäufung von Plagen (kleśa) wie Geburt, Tod usw. ... (139)

Der Wirrkopf entwickelt die Meinung, ›diese Anhäufung von Haut, Fleisch, Fett, Knochen und Exkreten, das bin ich‹. Der Mann von Urteilskraft hingegen erkennt seine innere Natur als die Höchste Wirklichkeit (paramārtha). (161)

Erlösung geschieht durch Aufhebung der Unwissenheit und Erkenntnis der Nicht-Zweiheit:

> Nicht durch Yoga und Sāṅkhya, nicht durch Tun (karman) und Zauber (vidyā) wird die Erlösung verwirklicht, (sondern) durch die Einsicht der Einsheit (ekatva) von Brahman und Seele (ātman); auf keine andere Weise. (Vc 58)

> Die Erkenntnis der Nicht-Getrenntheit vom Brahman verursacht die Erlösung von der (Wieder-)Geburt. Durch sie verwirklicht der kluge Mann das Brahman, das ohne ein Zweites ist, und (höchste) Freude. (225)

> Ein Wissender, der im Brahman aufgegangen ist (brahmabhūta), kehrt nicht in den Geburtenkreislauf zurück. Darum muß man die Nicht-Getrenntheit der Seele vom Brahman vollkommen durchschauen. (226)

Im Vergleich zum Brahman, das als Absolute Wirklichkeit »frei ist von Eigenschaften« (nirguṇa), ist die Welt von geringer Bedeutung. Sie ist wie die Individualseelen (ātman) aus dem Einen Brahman hervorgegangen, ist aber »Brahman mit Eigenschaften« (saguṇa brahman), d. h. verunreinigte Wirklichkeit. Sie ist Täuschung (māyā) oder Trug (mithyā) – nicht in dem Sinne, daß sie nicht existiere, sondern in dem Sinne, daß sie nicht so ist, wie sie erscheint.

Angesichts dieses Charakters der Welt ist es ratsam, sich von ihr abzuwenden. So empfiehlt Śaṅkara:

> Wirf ihn ab, den Stolz auf Familie und Sippe, Persönlichkeit (nāmarūpa) und Lebensstellung, die (nur) deinen lebenden Leichnam (d. h. deine Körperlichkeit) betreffen.... (Vc 298)

Seit früher Zeit gibt es deshalb in Indien Männer und Frauen, die Geist und Sinne von der Welt zurückziehen und in die Waldeinsamkeit oder eine Einsiedelei (āśrama) hinauswandern, um ungestört die Identität mit dem Brahman zu erleben und ein Jīvanmukta, ein »zu Lebzeiten Erlöster« zu werden. Diesen beschreibt Śaṅkara wie folgt:

> Ein Erlöster wird derjenige genannt, dessen Weisheit (prajñā) fest gegründet, dessen Freude (ānanda) dauerhaft ist und der die Vielheitswelt (prapañca) vergessen hat. (Vc 429)

> Ein Erlöster wird derjenige genannt, der die Brahma-Natur seiner Seele ... erkannt hat und von der Bindung ans Dasein frei geworden ist. (438)

> Ein Erlöster wird derjenige genannt, der dank seiner Weisheit kein Getrenntsein (an)erkennt zwischen der inneren (Individualseele) und dem Brahman sowie zwischen dem Brahman und der Schöpfung (sarga). (440)

Wenn der Erlöste dann gestorben ist und Körper und Individualität abgelegt hat, ist er jenseits aller Beschreibung. Er ist ins Brahman zurückgekehrt, dem er einige Zeit durch Unwissenheit entfremdet, von dem er jedoch nie wirklich getrennt war. Eigenschaftslos geworden, ist er im »eigenschaftslosen« (nirguṇa) Brahman aufgegangen.

> Wie bei einem (Ton-)Topf, wenn er zerbrochen ist, der Raum in ihm (wieder) zum offenen Raum (des Universums) wird, ebenso wird, wer das Brahman erkannt hat, beim Zerfall seiner (physischen) Erscheinung (upādhi) (wieder) selbst zu Brahman. (Vc 566)

III

Man könnte erwarten, daß ein hinduistischer Monismus, der das Absolute im Brahman erkennt, die Götter (deva) als unwichtig betrachtet und Götterverehrung ablehnt. In der Tat ist das die Einstellung vieler Hindus. Das Brahman, so sagen sie, als impersonales Göttliches entzieht sich jeder bildlichen Darstellung und bedarf keines Kultes. Die Erlösung vollzieht sich im Herzen und Geiste.

Andererseits sind die Götter, wie alle Individualseelen (ātman) und die gesamte Welt, Erscheinungsformen des Brahman. Zwischen dem Brahman, den Göttern, den Seelen anderer Wesen und der Welt besteht ein Netz innerer Ununterschiedenheit.

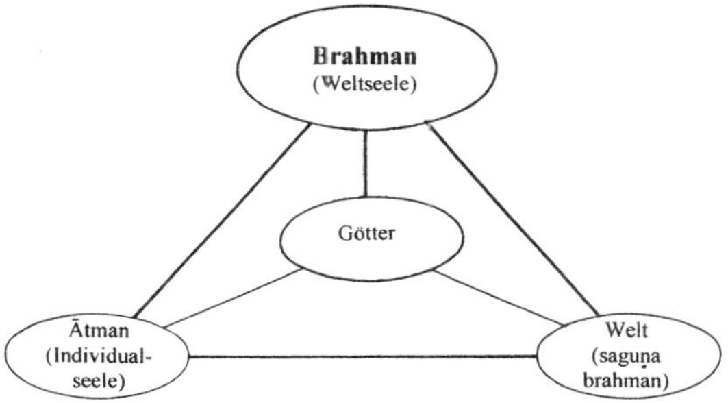

Jede Individualseele, mit dem Brahman wesenhaft identisch, ist folglich auch identisch mit den Göttern und der Welt.

> Man selbst ist (der Gott) Brahmā, man selbst ist Viṣṇu, man selbst ist Indra, man selbst ist Śiva, man selbst ist alles. Dieses alles (um uns herum) ist nichts anderes als man selbst. (Vc 389)

Der Advaita-Vedānta ist darum nicht bilderfeindlich, sondern duldet in seinen Tempeln Götterdarstellungen und Götterverehrung. Advaita und theistischer Hinduismus stehen nicht im Widerspruch zueinander.

Von den Gottheiten Indiens sind zwei von überragender Bedeutung. Es sind Viṣṇu und Śiva, die in Tausenden von Tempeln und Schreinen verehrt werden. Auf vielen Darstellungen ist ihnen noch der vierköpfige Gott Brahmā beigesellt, der indes kaum eigenständige Verehrung genießt.

Wenn es oben hieß, daß auch die Götter unerlöst sind und der Wiedergeburt unterliegen, so sind Viṣṇu und Śiva davon ausgenommen. Sie gelten als Ur-Götter, als Sichtbarwerdung des absoluten Brahman, der Weltseele. Indem das Brahman in der Welt als Viṣṇu oder Śiva offenbar wird, ermöglicht es den Menschen, dem Göttlichen Verehrung zu bekunden, denn nur ein als Person ansprechbares Numen kann man anbeten.

Die Vorstellung, daß das Brahman personifiziert als Viṣṇu oder Śiva erscheinen kann, ist auch umkehrbar und hat zur Folge, daß Viṣṇu oder Śiva sich gelegentlich selbst als das absolute Brahman bezeichnen. So tut es Viṣṇu in der Bhagavadgītā, die in das große Nationalepos Indiens, das Mahābhārata, eingebettet ist.

Die Szene dort ist äußerst dramatisch: Das Heer der Pāṇḍavas ist angetreten zur Schlacht gegen das Heer der Kauravas. Bei den Pāṇḍavas steht auf seinem Streitwagen der junge Krieger Arjuna, der bei der Betrachtung der feindlichen Armee erkennt, daß auf der Gegenseite zahlreiche Blutsverwandte stehen, die er töten soll. Skrupel überkommen ihn, aber da erhebt Kṛṣṇa, der Rosselenker seines Streitwagens, die Stimme. Er ermahnt Arjuna, seine Kriegerpflicht zu erfüllen und die Herausforderung anzunehmen. Schließlich offenbart sich Kṛṣṇa als der Gott Viṣṇu und als das absolute Brahman:

> ... Ich bin der Ursprung und die Auflösung der ganzen Welt (BhG 7,6), nicht gibt es etwas Höheres als mich, (denn) auf mich (als das in allem Gegenwärtige) ist dieses alles aufgefädelt (prota) wie eine Anzahl von Edelsteinen auf einen Faden (7,7) ... Ich bin das Leben in allen Wesen. (7,9) Diejenigen, die sich um Erlösung von Alter und Tod bemühen und ihre Zuflucht genommen haben zu mir, die haben das Brahman erkannt... (7,29) ... Ich bin der Vater dieser Welt, ihre Mutter, ihr Versorger und Großvater... (9,17), ihr Ziel (gati) ... und ihre

Zuflucht. (9,18) Sogar jene Frommen (bhakta), die ... anderen Göttern opfern, opfern mir allein ... (9,23) Ich bin die Seele (ātman), die in allen Wesen zuhause ist, ich bin aller Wesen Anfang, Mitte und Ende (10,20).

Durch Viṣṇu-Kṛṣṇas Ermutigung und Selbstoffenbarung gestärkt, zieht Arjuna entschlossen in den Kampf.

Die Vielzahl der indischen Götter macht den Nicht-Hindu oft glauben, der Götterhimmel Indiens sei unüberschaubar. Das ist keineswegs so. Die meisten der in den Büchern genannten und an alten Tempeln dargestellten Götter spielen im Kult der Gegenwart keine Rolle mehr.

Wirklich bedeutend sind heute Viṣṇu, von dem es zehn zeitversetzte Inkarnationen (avatāra) gibt, und Śiva, der in mehreren Erscheinungsformen auftritt. Zu den Göttern gehören des weiteren Gemahlinnen, die eine eigene Verehrung genießen, und im Fall der Śiva-Familie zwei Kinder. Vielen göttlichen Personen ist zudem ein Begleittier (vāhana) zugeordnet, das, wenn es für sich steht, den Gott oder die Göttin symbolisiert. Das Aussehen und die Taten der Götter und Göttinnen sind beschrieben in den 18 Purāṇas, Büchern, deren Entstehungszeit ungefähr zwischen 200 und 800 n. Chr. anzusetzen ist. Die Mythen und Legenden der Purāṇas und der beiden großen Epen Mahābhārata und Rāmāyana sind jedem Hindu von Kind an vertraut.

Bisher war die Rede vom Karma-Gesetz, von der Identität von Welt- und Individual-Seele und von den Ur-Göttern Viṣṇu und Śiva. Eine Religion ist aber nur dann erzieherisch wirksam, wenn sie einen Heilsweg weist und ihren Bekennern ein Verhalten nahelegt, das zur Erlösung führt, d. h. in Indien zur Freiheit von der Wiedergeburt. Der Erlösungsweg ist deshalb das vierte Kernelement des Hinduismus.

IV

Der christlich erzogene Europäer sieht den Weg zum Heil in der Einhaltung der Zehn Gebote. Wer sie befolgt, ist ein ethisch handelnder Mensch und hat Grund, Gottes Gnade zu erhoffen. Dem Hinduismus hingegen fehlt ein allgemeinverbindlicher Katalog von Ge- und Verboten. Statt einer umfassenden und allgemeingültigen Ethik besitzt er ethische Regeln, die jeweils für einen bestimmten Teil der Gesellschaft verbindlich sind. Man hat in Indien gesellschaftsbezogene Ethik und die Ethik zur Verwirklichung der Erlösung zu unterscheiden; die Trennlinie zwischen beiden ist allerdings nicht scharf zu ziehen.

Die Vorschriften der gesellschaftlich orientierten Moral hängen ab von der Kaste (varṇa), Unterkaste (jāti) oder Berufsgruppe, zu der man gehört.

> Das Tun (d. h. die Pflichten) von Brahmanen, Kṣatriyas, Vaiśyas und Śūdras ist unterschiedlich infolge der Eigenschaften (guṇa), die ihnen von Natur aus zukommen,
> (BhG 18,41)

heißt es in der Bhagavadgītā. Und weiter:

> Indem er sich seinem eigenen Tun (= Pflichten) widmet, erlangt ein Mensch die Vollendung (siddhi) ... (18,45)

> Besser ist es, die eigene (Kasten-)Pflicht (dharma) mangelhaft (zu tun) als die Pflicht einer anderen (Kaste) gut zu erfüllen. Wer seinem ihm von Natur auferlegten Tun obliegt, der bleibt frei von Schuld. (18,47)

Besonders diese Strophe sollte sich auch der in Indien lebende Europäer merken. Sie erklärt ihm, warum in seinem Haushalt bei Abwesenheit des ersten Reinigers (head sweeper) der Hindu-Koch nicht bereit ist, zu spülen und die Küche zu wischen. Spülen und Wischen gehören nicht zum Dharma, zur »Standespflicht« des Kochs. Lieber läßt er es auf Entlassung ankommen, als eine standesfremde Aufgabe auch nur vertretungsweise zu übernehmen.

Das durch die Standespflicht gebotene ethische Verhalten des Hindu schließt Personen vermeintlich niederen Ranges weitgehend aus. Außer für die Herrschaften, die ihm sein Gehalt zahlen, bereitet der Koch Essen nur für sich selbst, nicht für die anderen Dienstboten im Hause: Er ist ja nicht *deren* Angestellter. Bediener (bearer) und erster Reiniger kochen, jeder für sich, ihre eigenen Speisen. Nicht im Hause der Dienstherren kochen darf der kastenlose zweite Reiniger (second sweeper), der für die Reinigung der Toiletten und der Terrasse zuständig ist. Der Bediener behandelt seine Herrschaften bei Tisch nach perfekter europäischer Etikette; wird er aber angewiesen, dem ausgemergelten zweiten Reiniger die Reste der Mahlzeit zu geben, benutzt er dazu keine Gefäße, sondern kippt alle übriggebliebenen Speisen durcheinander in einen Plastikbeutel. Besseres Essen, so meint er, stehe dem Kastenlosen nicht zu.

Ein starkes Motiv für die Einhaltung der gesellschaftlich orientierten Ethik ist der Wunsch, durch kasten- und standesgemäßes Tun (karman) in einen höheren sozialen Stand wiedergeboren zu werden. Kastenkonformes Handeln führt aufwärts, kastenwidriges nach unten. Von jedem selbst hängt es ab, ob er in der nächsten Existenz als Brahmane, Kṣatriya, Vaiśya, Śūdra, Harijan (Kastenloser) oder Mleccha (ausländischer Nicht-Hindu) auf die Welt kommt und in welches Milieu er hineingeboren wird. Bessere Wiedergeburt ist zwar nicht mit Erlösung gleichbedeutend, schützt aber vor Hunger und Not.

Auf Erlösung von der Wiedergeburt gerichtet ist die zweite Gruppe von Regeln. In ihr gibt es zahlreiche Vorschriften, die bestimmte häusliche oder im Tempel zu vollziehende Rituale vorschreiben, um das Wohlwollen eines Gottes oder einer Göttin zu erwerben. Der regeltreue

Ritualist gilt in seinem Dorf als frommer Mann und ist hoch angesehen.

Höher stehen freilich die nach innen wirkenden, von der Glaubensrichtung gebotenen Handlungen. Dem Advaita-Bekenner ist die Meditation (samādhi) ans Herz gelegt, damit er durch sie die Einsheit seiner Seele mit dem Brahman erlebt. Theistisch eingestellte Gläubige widmen sich dem Ruhmgesang (kīrtanam) des Gottes, dem ständigen Murmeln (japa) seines Namens oder der Askese. Wirksam sind alle diese Vollzüge nur, wenn sie mit der rechten Gesinnung ausgeübt werden.

Eine Observanz eigener Art ist die Bhakti, die Entschlossenheit, den Gott oder die Göttin grenzenlos zu lieben. Der Gottergebene (bhakta), den echte Hingabe (bhakti) erfüllt, überantwortet der Gottheit alle seine Handlungen und sich selbst. In ihrer höchsten Form wird die Bhakti zu einer mystischen Vereinigungsekstase. Wenn der Straßensänger in Kalkutta oder der Tänzer im Tempel von Chidambaram singt: »Śivo 'ham, Śivo 'ham! – Śiva bin ich, Śiva bin ich!«, dann ist das kein Ausdruck der Überheblichkeit, sondern des erlebten Einswerdens mit dem Großen Gott. Der Bhakta hat die Einheit mit dem Absoluten, die nie wirklich unterbrochen, aber vergessen war, in seinem Daseinsgefühl wieder hergestellt.

Die Sache mit den Kasten

Die indische Verfassung von 1949, die Indien als »Souveräne, Sozialistische, Säkulare, Demokratische Republik« definiert, legt in Artikel 14 die Gleichheit aller Menschen vor dem Gesetz, in Artikel 15 die Nichtdiskriminierung infolge von Religion, Rasse, Kaste und Geschlecht, und in Artikel 17 die Abschaffung der Unberührbarkeit (der Kastenlosen) fest. Die Kongreß-Partei, die sich als säkulare politische Partei verstand, versuchte, diese Grundrechte in die Alltagspraxis umzusetzen. Seitdem sie die Mehrheit verlor (1989), sind jedoch Parteien in den Vordergrund gerückt, die sich zur Durchsetzung ihrer Ziele auch religiöser Argumente und Forderungen bedienen und dadurch *casteism* (Kastenklüngel) und *communalism* (Gruppenwirtschaft) begünstigen. Die Parzellierung der indischen Gesellschaft in viele *communities* (Gemeinschaften) ist seitdem wieder augenfälliger geworden und sorgt für Spannungen, die häufig in Gewalt münden.

Einen Eindruck von den wichtigsten Gruppierungen Indiens geben die Heiratsanzeigen, die jedes Wochenende mehrere Seiten in den Zeitungen füllen. Nur noch selten vermerkt ein Partnersucher, bei dem oder der Gesuchten sei *caste no bar* (Kaste kein Hindernis). Die Suchkategorien (nach der Sunday Times vom 28.4. und 5.5. 1991 in der Schreibweise der Zeitung) staffeln sich:

- nach Religionen (Hindu, Sikh, Christian, Jain, Muslim),
- nach Kasten und Unterkasten (Brahmin, Kshatriya, Vaish; Kayastha, Nair, Jat),
- nach Landsmannschaften, d. h. Sprachgruppen (Bengali, Gujarati, Kannadiga, Malayali, Marathi, Konkani, Panjabi, Tamil, Sindhi),

- nach Berufen (Mediziner, Regierungsbeamter, Militär, Rechtsanwalt, Geschäftsmann, Banker),
- nach Aufenthaltsrecht in den USA (GCH = Green Card Holder, Besitzer der amerik. Arbeitserlaubnis),
- nach Auslandswohnsitz (NRI = Non-resident Indian, nicht im Inland lebender Inder),
- nach astrologischen Merkmalen (z. B. Manglik = unter ungünstiger Gestirnkonstellation geboren).

In allen Partnergesuchen werden mehrere dieser Merkmale gesucht oder angeboten. Sie bilden das Koordinatensystem der indischen Gesellschaft.

Im folgenden soll nur von den durch die Religion begründeten Kasten die Rede sein.

Zum Verständnis des Kastenwesens ist ein historischer Rückblick erforderlich.

Als die Indogermanen im 3. Jahrtausend v. Chr., von Nordwesten kommend, in die Gangesebene eindrangen, fanden sie dort eine agrarische Bevölkerung dunklerer Hautfarbe vor, die sich den Einwanderern widersetzte. Die Neuankömmlinge blieben deshalb aus Sicherheitsgründen möglichst unter sich und benutzten als Gruppenkennzeichen ihre hellere Hautfarbe, im Sanskrit varṇa. Das Wort varṇa, »Farbe«, erhielt rasch die Zweitbedeutung »Stand«.

In der oft kriegerischen Einwanderung nach Indien hatten naturgemäß die Soldaten die führende Rolle. Die Krieger, die Kṣatriyas, fühlten sich deshalb den übrigen Einwanderern überlegen und betrachteten sich als den obersten Stand. Die Brāhmaṇas, die Priester, bildeten den zweiten Stand, danach folgten die Vaiśyas als Handeltreibende, Bauern und Viehzüchter, und die Śūdras, d. h. Handwerker und Diener.

Im 2. Jahrtausend v. Chr. wurde die ursprünglich säkulare Ständeordnung zu einer Sache der Religion. Das älteste religiöse Dokument Indiens, der Ṛgveda (entstanden um 1500 v. Chr.), behauptet, die Stände seien aus dem kosmischen Urmenschen (puruṣa) hervorgegangen: Die Brahmanen aus dem Mund, die Kṣatriyas aus den Armen, die Vaiśyas aus den Schenkeln und die Śūdras aus den Füßen (Ṛv 10.90,12). Mit dieser Begründung stiegen die Brahmanen zur obersten Kaste auf. Zugleich wurde die Ständegliederung zur sakralen Weltordnung erhoben: Von diesem Zeitpunkt an ist es gerechtfertigt, das Sanskrit-Wort varṇa mit dem (aus dem Portugiesischen stammenden) Wort »Kaste« zu übersetzen. Kultisch rein war nur noch, wer in einer der vier Kasten geboren war. Alle Außenstehenden – und das war weitgehend die dunklere Urbevölkerung Indiens – waren Kastenlose, die von Kulthandlungen, später auch vom Tempelbesuch, ausgeschlossen blieben. Einige Jahrhunderte später galten viele dieser Menschen als Unberührbare.

Eine zweite religiöse Begründung erhielt die Kastenordnung durch die (um 700 v. Chr.) in den Upaniṣaden formulierte Karma-Lehre. Dieser zufolge wird jeder entsprechend der Qualität seines Tuns (karman) wiedergeboren. Jeder hat sich seine Kaste oder Kastenlosigkeit karmisch selbst verdient. Es gibt keine Ungerechtigkeit in der Welt, denn es ist die Weltmechanik, die die Menschen in höhere und niedrige teilt. Wer es besser getroffen hat, muß gegenüber den sozial Schwächeren kein schlechtes Gewissen haben.

Es blieb nicht bei der Grobeinteilung nach Kasten. Die zunehmende Arbeitsteilung führte dazu, daß sich innerhalb der Kasten Unterkasten bildeten – der Sanskrit-Terminus ist jāti, »Geburt«. Jātis gibt es bei Brahmanen und Kṣatriyas zu Dutzenden, bei Vaiśyas und Śūdras zu Hunderten. Aufstiege von einer Kaste in die nächsthöhere sind überliefert – z. B. wenn ein Rāja (Kṣatriya) einen reichen Bankier oder Kaufmann (Vaiśya) zum Finanzminister ernannte und an seinen Hof berief – sie sind aber selten.

Das Jāti-System hingegen ist ständig in Bewegung, weil es in den religiösen Texten nicht kodifiziert ist.

Alle diese Ideen sind im Indien der Gegenwart noch lebendig, vor allem in der ländlichen Gesellschaft. Sie machen es der Gleichheitsforderung der Verfassung schwer, und dringen außerhalb der Gerichte nur langsam in die Mentalität der Bevölkerung.

Wie ist die Lage heute? Ein Beispiel.

In einem Firmenbüro in Mittelindien wird als Besucher ein Mr. Pārśvanāth gemeldet. Der indische Chef erkennt an dem Namen, daß es sich um einen Mann der Jaina-Religion handelt. Da die Jainas fast ausschließlich zu den Vaiśyas gehören und aus religiösen Gründen nur mit unbelebten Sachen, vor allem Edelsteinen und Edelmetallen, handeln, wird der Besucher wohl Juwelier oder Steinexporteur sein. Er ist wahrscheinlich nicht aus der Gegend, denn die Jainas konzentrieren sich in Gujarāt und Bombay. Das Gespräch wird deshalb in Englisch stattfinden. Der Gast darf eingelassen werden. Anders wäre die Begegnung verlaufen, wenn der Name einen Śūdra oder Kastenlosen angekündigt hätte, dem es wahrscheinlich um eine Anstellung gegangen wäre.

Nicht jeder Name ist so interpretationsfähig wie der des Beispiels, aber immerhin lassen rund 60 Prozent der indischen Familiennamen die Religion des Trägers, seine regionale Herkunft und/oder seine Kaste, zuweilen auch die Unterkaste erkennen. Solange die indischen Familiennamen nicht geändert werden, wird sich das Kastenbewußtsein der Bevölkerung nicht aufheben lassen.

Ist der Name in Indien auch verräterisch, so wird er dennoch – oder eben deswegen – oft mit Stolz getragen. Kastenhindus, zumal der oberen Kasten, bekennen sich zu ihrer *community* (Gemeinschaft): Sie markiert ihre gehobene Position in der Gesellschaft und hebt sie von der

Masse ab. Ein Familienname der *upper class* (Oberschicht) oder *upper middle class* (oberen Mittelklasse) ist eine Starthilfe und öffnet Türen.

Entsprechend versuchen indische Eltern, ihre Kinder in der eigenen *community* oder besser noch nach oben (anuloma, »mit dem Strich«) zu verheiraten; nur wenn eine sehr fette Mitgift lockt, darf auch einmal nach unten (pratiloma, »gegen den Strich«) geheiratet werden. Die arrangierte Heirat ist in der Hindugesellschaft gegenüber der eigenen Wahl des Partners (svayamvara) noch immer der häufigere Fall.

Außer dem Namen gibt es noch andere Kriterien, eine Person nach Herkommen und Gesellschaftsschicht einzustufen. Hellere Hautfarbe signalisiert gute Familie, der Gesichtsschnitt (gerade, breite oder hakenförmige Nase) offenbart die regionale Herkunft und oft sogar die Religion, Beleibtheit zeigt ausreichendes Einkommen. Weiteres verraten Kleidung und Schmuck. Der Ring mit dem Unglücks-Abwehrstein oder dem Glücksstein des Geburtsmonats deutet an, daß der Betreffende astrologiegläubig ist, die Dicke und Qualität seines Goldes verrät die Vermögenslage der Familie. Über viele Jahrhunderte haben die Inder einen scharfen Blick, fast einen sechsten Sinn dafür entwickelt, den Gesprächspartner gesellschaftlich einzuschätzen.

Freilich ist das Kastensystem heute nicht mehr so rigide wie vor zweihundert Jahren. Die britische Kolonialherrschaft und der engere Kontakt mit dem Westen, die Technik, die in Zügen, Bussen und Flugzeugen Menschen aller Schichten zusammenführt, das gemeinsame Arbeiten in Firmenbüros, die Lehren des Mahātma Gāndhī und anderer Reformer und die steigende Lesekundigkeit und Weltkenntnis der Bevölkerung – alle diese Erziehungseinflüsse haben die grausamen Züge des Kastendenkens weitgehend verschwinden lassen. Kein »Unberührbarer« muß heute noch um einen Brahmanen einen Bogen machen, kein Tempel ist ihm verschlossen. Die Unberührbarkeit ist abgeschafft, aber die Kastenlosigkeit geblieben. Ein Sechstel der 960 Millionen Inder gilt dem Hindu als kastenlos und steht damit – nicht nach dem Gesetz, aber im Denken – außerhalb der Kastenordnung. Mahātma Gāndhī hat für sie den Namen Harijans, »die Gottgeborenen«, eingeführt.

Wie brutal die Strafen der Kastenhindus gegen Kastenlose und Kastenvermischung immer noch sein können, wird deutlich aus dem Fall vom März 1991 in dem Dorf Mehrana (zwischen Delhi und Agra). Hier hatte ein 16jähriges, illiterates Vaiśya-Mädchen der Jāt-Unterkaste sich in einen 18jährigen kastenlosen Jaṭāv-Landarbeiter verliebt und war, mit Hilfe eines zweiten Kastenlosen, mit ihm entlaufen. Die drei wurden ergriffen, vor ein dörfliches Kasten-Femegericht der Jāts gestellt und nach brutaler Folterung gehängt. (Bericht in »India Today« vom 30. 4. 1991)

Extremfälle dieser Art sind selten, aber die subtileren Auswirkungen der Kastenmentalität sind überall in Indien zu beobachten.

Eine solche Auswirkung ist der Hochmut, den manche Oberkastige gegenüber kastenmäßig Tieferstehenden an den Tag legen und der sich bei sehr Orthodoxen auch gegen Ausländer, die Mlecchas, d.h. Barbaren und Rindfleischesser, richtet. Eine zweite ist die Selbstverständlichkeit, mit der jeder seine echten oder vermeintlichen Rechte wahrnimmt: Selbstbescheidung, um andere nicht unnötig zu belasten, kurz *civic sense*, ist in Indien keine verbreitete Tugend. Der Händler von Trinkkokosnüssen wirft die leeren Nüsse einfach auf die Straße. Er demonstriert damit, daß es Leute unter ihm gibt, deren Aufgabe es ist, die Straße zu säubern.

Selbstverständlich sind die Auswirkungen des Kastendenkens gebildeten Hindus nicht unbekannt. Sie klagen – oder witzeln – darüber, sehen sich aber außerstande, als Einzelpersonen etwas zu ändern. In allen Teilen Indiens gibt es Vereine, Gesellschaften und Stiftungen, die sich die Aufklärung der Massen und die Unterstützung betroffener Gruppen zum Ziel gesetzt haben. Sie leisten wertvolle Arbeit.

Bei den Anstrengungen in den letzten hundertfünfzig Jahren, Kastendenken und Kastendiskriminierung abzuschaffen, muß man die aus dem Hinduismus selbst kommenden Bemühungen von denen der Betroffenen unterscheiden.

Neben den Ideen von der Wiedergeburt in Kasten und Jātis je nach den in der Präexistenz vollbrachten Taten (karman) enthalten die religiösen Bücher des Hinduismus nämlich auch Gedanken, die das Gemeinsame der Menschen betonen. Ihnen zufolge sind die Menschen nur im Unwesentlichen, nur oberflächlich verschieden, ihre Seelen (ātman) aber stammen aus dem Einen (ekam), der impersonalen ewigen Weltseele (brahman), und sind mit ihr identisch. Der Name dieser monistischen Philosophie ist Advaita (»Nicht-Zweiheit«). Der Advaita prägt das hinduistische Denken in starkem Maße und ist auch die Grundüberzeugung der modernen indischen Sozialreformer, allen voran des Mahātma Gāndhī. Wenn Gāndhī die Kastenlosen als Harijans, »In Gott Geborene«, bezeichnet, so knüpft er an die Advaita-Idee der menschlich-göttlichen und universal-menschlichen Identität an: Niemand ist seinem Wesen nach über den anderen erhaben. Alle Hindu-Missionsgesellschaften (Ārya Samāj, Brāhma Samāj, Rāmakrishna Mission usw.) basieren auf der Idee der All-Einheit der Menschheit. Sie finden in Europa und Amerika zunehmend Anhänger, aber der entscheidende Sieg über das Kastendenken im eigenen Lande ist ihnen noch nicht gelungen.

Parallel zu den Bemühungen der Advaita-Reformer, das Kastendenken zu entschärfen, verlaufen die Versuche der

Kastenlosen, dem Hindu-System zu entkommen. Neben mehreren Übertritten ganzer Gruppen von Harijans zum Islam ist der Übertritt des kastenlosen Sozialreformers Dr. B.R. Ambedkar (1891–1956) zum Buddhismus erwähnenswert: Eine halbe Million Kastenloser legte 1956 in Nāgpur mit ihm das Bekenntnis zur Lehre des Buddha ab. Der Buddhismus war bis dahin seit dem 12. Jahrhundert aus Indien verdrängt gewesen. Die Neo-Buddhisten sind überwiegend in Mahārāṣtra angesiedelt und bilden inzwischen eine Gruppe von vier Millionen Menschen. Sie haben durch ihren Übertritt ihren sozialen Status nur gering verbessert, sich aber der Verachtung der Hindus entzogen. Als Nachteil müssen sie allerdings in Kauf nehmen, daß sie mit der Kastenlosigkeit auch die staatliche Anerkennung als Unterprivilegierte verlieren, die ihnen bei der Zulassung zu Schulen und Universitäten sowie bei zu vergebenden Beamtenstellen eine feste Quote garantiert hatte.

Die grossen Götter der Hindus

Die großen Götter Indiens, das sind Viṣṇu und Śiva; der Gott Brahmā ist daneben eine blasse Gestalt. Zahllose Tempel auf dem indischen Subkontinent sind Viṣṇu oder Śiva gewidmet – Brahmā besitzt nur eine Kultstätte in Puṣkara (Rājasthān), die nur einmal im Jahr Schauplatz eines Festes ist.

Nicht von Beginn an waren Viṣṇu und Śiva bedeutende Götter. Das früheste indische Textzeugnis, der aus dem zweiten Jahrtausend v. Chr. stammende Ṛgveda (»Wissen[sschatz] an [Ritual]Versen«), enthält 1028 Lobes-, Opfer- und Bitthymnen an die Götter. Nur neun davon erwähnen den mit drei Schritten das All durchmessenden Viṣṇu, nur sieben den Krankheitspfeile verschießenden Herrn der Tiere, den schrecklichen Rudra, aus dem später der Gott Śiva wurde. Der vierköpfige Gott Brahmā kommt im Ṛgveda überhaupt nicht vor. Im ältesten und heiligsten Dokument Indiens sind Viṣṇu und Rudra-Śiva Nebengottheiten, ist die Trinität Brahmā/Viṣṇu/Śiva noch nicht existent.

In den Mittelpunkt rücken die drei Götter in den Epen Mahābhārata und Rāmāyana sowie in den Purāṇas, den 18 »Alten (Legendenbüchern)«. Die Purāṇas, zwischen 200 und 800 n. Chr. entstanden, enthalten sehr unterschiedlichen Stoff: Mythen zur Weltentstehung, Götter- und Königslegenden, Angaben zur Ikonographie, zum Kult und zu Festen, genealogische Listen und philosophische Exkurse. An Heiligkeit und Wert für die Erlösung sind sie den Büchern des Veda nachgeordnet und dürfen gleich den Epen auch von Nicht-Brahmanen studiert und öffentlich vorgelesen werden. Der Theorie nach sind je sechs Purāṇas dem Brahmā, dem Viṣṇu und dem Śiva gewidmet, jedoch zeigt die Lektüre der Werke, daß diese Zuordnung nur zum Teil berechtigt ist.

Da Brahmā als der Schöpfer, Viṣṇu als der Erhalter und Śiva als der Zerstörer der Welt gelten, steht Brahmā in der Göttertrinität an erster Stelle. Seine geringe kultische Bedeutung erklärt sich aus seiner Schöpferfunktion, denn die Schöpfung ist abgeschlossen und wird sich erst nach der Zerstörung der Welt in sehr ferner Zukunft wiederholen. Die Ur-Götter Viṣṇu und Śiva hingegen sind als Retter und Erlöser für den Menschen unmittelbar wichtig.

Götter sind keine Konstrukte kalter Logik, sondern entspringen der Begegnung mit dem Heiligen. Wie der religiös ergriffene Mensch sein Gotteserlebnis weitererzählt, oft stammelnd und verwirrt, danach gestaltet sich die Göttervorstellung in den Köpfen und Herzen seiner Mitmenschen. Kein Wunder deshalb, daß von ein- und demselben indischen Gott höchst unterschiedliche Schilderungen existieren und der Gott Züge aufweist, die in einem Menschen nicht miteinander vereinbar wären. Dazu kommt, daß die den Göttern zugeschriebenen Taten in den einzelnen Texten verschieden wiedergegeben sind und von Tempelpriestern oft so verändert wurden, daß die Überlegenheit des eigenen Gottes über den Gott der konkurrierenden religiösen Schule deutlich wird. Die Darstellung im folgenden beschränkt sich auf die von der Mehrheit der Gläubigen anerkannten Wesenszüge und Funktionen der drei Götter. Auf psychologische Interpretationen wurde verzichtet.

Weder Brahmā noch Viṣṇu noch Śiva leben allein; jedem steht eine Göttin als Gemahlin zur Seite. Zu vielen Gottheiten gehört ferner ein Begleittier (vāhana). Man kann die Götterfamilien in Form von Familienstammbäumen darstellen. Das Symbol für männliche Gottheiten ist △, für weibliche Gottheiten ▽, für das Begleittier ⬭.

Statt durch Fotos von Kunstwerken werden die Hindu-Götter auf den folgenden Seiten in Zeichnungen vorgestellt. Eine bescheidene, sachgetreue Zeichnung ist ikonographisch aufschlußreicher als ein Foto, das Teile des Objekts im Schatten läßt und seine Beschädigungen mit abbildet.

Den indischen Götterhimmel komplett in Zeichnungen wiederzugeben unternahm als erster Edward Moor in seinem Buch »The Hindu Pantheon« von 1810. Der Zeichner war Mr. Haughton, R. A., der allen nachgezeichneten indischen Bronzen und Steinskulpturen den Gesichtsausdruck lebender Personen gab. Ebenso verfuhren die britischen Illustratoren des Werks von W. J. Wilkins, »Hindu Mythology – Vedic and Puranic« (1882). Sie entsprachen damit indischen Wünschen, denn die als strahlende Realpersonen dargestellten Götter und Göttinnen gewähren dem Frommen durch ihr Erscheinen ein darśana, einen »Anblick« oder »Sichtkontakt«, der den Betrachter innerlich erhebt und etwas vom Zauber der Gottheit auf ihn überströmen läßt.

Brahmā* und seine Familie

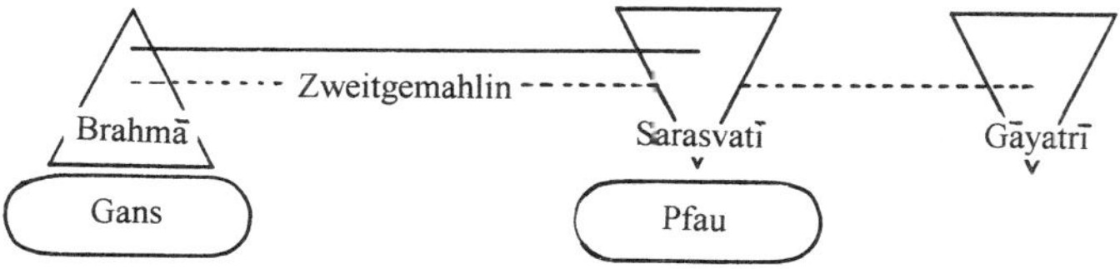

Brahmā

Brahmā wird als reifer, bärtiger und wohlgenährter Mann mit vier Gesichtern und vier Armen dargestellt. Er trägt die Brahmanenschnur (yajñopavīta), dazu Schmuck und

* Zur Unterscheidung von dem natürlichen und grammatischen Neutrum Brahman, »Weltseele«, pflegt man den real und grammatisch maskulinen Gott Brahman nicht mit der Stammform, sondern dem Nominativ singular seiner Deklinationsgruppe zu bezeichnen, der auf -ā endet.

①

②

Blütenkranz. Oft liegt über seiner linken Schulter ein Gazellenfell. Seine Körperfarbe ist rot, gelb oder golden. Wegen seiner vier Köpfe oder Gesichter führt er den Beinamen »Der Viergesichtige« (Caturmukha). Die Gesichter tragen manchmal das waagerechte śivaitische, ① manchmal das senkrechte viṣṇuitische Stirnzeichen. ②

Brahmās vier Arme halten entweder Palmblattmanuskripte der vier Sammlungen (saṃhitā) der Veden oder die Attribute Opferlöffel (sruk), Rosenkranz (akṣamālā), Veda-Buch (pustaka) und Wassergefäß (kamaṇḍalu). Die Verteilung dieser Beigaben auf die Hände variiert, oft bleibt eine Hand ohne Attribut. In diesem Fall hält Brahmā die freie Hand in der Geste (mudrā) der Ermutigung (abhaya) mit der Handfläche nach außen aufwärts gerichtet, ② oder in der Wunschgewährungsgeste (varadamudrā) offen nach unten.

Brahmās Begleit- und Reittier (vāhana) ist die weiße Gans (haṃsa), ③ ein Symbol der Reinheit und Unterscheidungskraft. Gemahlin des Brahmā ist die Göttin Sarasvatī, ④ neben der gelegentlich als Zweitgattin die Göttin

③

④

Gāyatrī erscheint. Brahmā hat viele Nachkommen, die aber nicht von den beiden Gemahlinnen geboren wurden, sondern aus Körperteilen des Brahmā direkt hervorgegangen sind.

Brahmā, der vierköpfige Gott, entsteht aus der Weltseele, dem Brahman, das als körper- und eigenschaftsloses (nirguṇa) Absolutes nicht selber schöpferisch aktiv werden kann. In der Weltseele regt sich aber (als Nachwirkung aus vergangenen Universen) der Wunsch zu schaffen (sisṛkṣā), und ihm entspringt schließlich der Gott Brahmā. Er ist das Wirkensprinzip des ewigen Brahman, dessen schöpferisches Werkzeug.

Wie Brahmā in die Welt kam, ist in den Sanskrit-Werken unterschiedlich beschrieben. Nach einer Auffassung entstieg er den Urwässern als »Der aus sich selbst Entstandene« (Svayambhū), nach einer anderen ging er aus dem Ur-Ei als »Der Goldene Embryo« (Hiraṇyagarbha) hervor. Als erstes Lebewesen auf der Welt wurde er zum »(Stamm-)Vater der Wesen« (Prajāpati) und Götter.

Wenn Brahmā überhaupt in einem Kult verehrt wird, dann als der Offenbarer des Veda. Brahmā ist der Ur-Poet (Ādikavi) heiliger Gesänge, aus seinen vier Mündern gingen die vier Hymnensammlungen (saṃhitā) des Veda hervor. Von den Sehern (ṛṣi) der Vorzeit memoriert, wurden die Strophen über viele Generationen wortgetreu bis in die Gegenwart überliefert. Die Opferhymnen des Veda veranlassen die Götter, die Weltordnung (ṛta), das kosmische Gesetz, zu schützen: Sie lassen die Sonne auf- und untergehen, die Jahreszeiten sich abwechseln sowie die Gerechtigkeit und Wahrheit obsiegen. Das Opfer verhindert Chaos und sichert den geregelten Ablauf der Zeit.

Wirksam ist es allerdings nur, wenn die vedischen Hymnen, die das Opferritual begleiten, in korrekter Aussprache und richtiger Intonation vorgetragen werden. Es ist Brahmā, der erste und oberste der Opferpriester und Priester der Götter, den die Kultritualisten beim Opfervollzug um Hilfe bitten. Wenn Brahmā mit dem großen Opferlöffel (ghṛtāci) die Schmelzbutter (ghṛta) feierlich in die Flamme gießt, kann er mit seinen vier Mündern die Strophen aller vier beim Opfer erforderlichen Priester vorbildlich rezitieren.

Manche Inder sehen ihn auch als den Schutzherrn der 64 Künste und Kunstfertigkeiten (śilpa) an, vor allem des Schauspiels. Da die Künste die Weltentstehung und den Weltenlauf spielerisch nachvollziehen, ahmen sie ein Geschehen nach, über das keiner besser Bescheid weiß als Brahmā, der Urvater der Menschen und Götter.

Von altersher haben Viṣṇu- und Śiva-Anhänger die Bedeutung Brahmās geschmälert, indem sie Texte zu seinem Nachteil umgestalteten. Drei Erscheinungsformen des Brahmā, und zwar als Fisch, Schildkröte und Eber, wurden zu Inkarnationen des Viṣṇu erklärt, mehrere Beinamen des Brahmā von Viṣṇu übernommen. Nach dem letzten Weltuntergang überstand Viṣṇu die Zeit der Nichtexistenz einer Welt auf der Ananta-Schlange ruhend. Als die Welt-

⑤

pause vorüber war, erwuchs aus seinem Nabel ein Lotos, in dessen Kelch Brahmā saß, ⑤ um zum Urvater der Wesen zu werden. Viṣṇu war damit zum Urgott erklärt, Brahmā, »Der aus dem Nabel (des Viṣṇu) Geborene« (Nābhija), zu einer Manifestation des Viṣṇu herabgestuft.

In ähnlicher Weise machten die Śiva-Anhänger die Überlegenheit ihres Gottes über Brahmā deutlich. Ursprünglich habe Brahmā fünf Köpfe besessen, so sagen sie, aber Śiva habe ihm den fünften Kopf abgeschlagen. Śiva sei es auch gewesen, der dafür sorgte, daß Brahmā wenig Anhängerschaft und keinen eigenen Kult besitzt; er bestrafte Brahmā damit für eine Respektlosigkeit. Keine Gelegenheit läßt Śiva aus, Brahmās dienende Funktion augenfällig zu machen. Er bedient sich des Brahmā als Wagenlenker (sūta) und ließ ihn bei seiner Hochzeit mit Pārvatī als Priester fungieren.

⑥

⑦

Sarasvatī, die Göttin der Musik, Dichtung und Wissenschaften

Die Göttin Sarasvatī, die Gemahlin des Brahmā, spielt die Vīṇā, die auf Abbildungen als einfache Stabzither ⑥ oder als Große Zither (mahatī vīṇā) ⑦ mit zwei Klangkörper-Kalebassen und sieben Spiel- sowie mehreren Mitschwingsaiten wiedergegeben wird. Die Göttin hat zwei oder vier Arme und hält in den nicht für das Instrument gebrauchten Händen Rosenkranz (akṣamālā) und Palmblattbuch (pustaka). Das Buch weist sie aus als die Erfinderin der Sanskrit-Sprache, des Schreibens und der Devanāgarī-Schrift, die in Indien für Texte in Sanskrit, Hindī und Marāthī sowie in ganz Nepāl in Gebrauch ist. Die Körperfarbe der Sarasvatī ist weiß, ihr Begleittier ist der Pfau (mayūra). Als Gattin des Brahmā heißt sie auch Brāhmī.

Sarasvatī entstand aus der vedischen Sprachgöttin Vāc (Sprache). Der Name bedeutet wahrscheinlich »Die Redegewandte«, deren Worte wie Wasser (saras) elegant (sarasvat) dahinströmen. Sie ist die Göttin der Sprachgewandtheit, ohne die sich Wissen und Gelehrtheit nicht ausdrük-

⑧

ken können, außerdem die Göttin der Wissenschaften und literarischen Tätigkeiten, der Kunstdichtung und Musik. Ihre Verehrung ist deshalb in gebildeten und künstlerischen Kreisen, insbesondere an indischen Universitäten zu Hause. Im Monat Māgha (Januar/Februar) ist der Sarasvatī in Indien ein Feiertag gewidmet, an dem alle geistig Tätigen die Werkzeuge ihres Wirkens – Stift, Schreibmaschine, Bücher, Computer, Musikinstrumente, ja sogar ärztliches Instrumentarium – auf einen Altar stellen, bekränzen und als Repräsentanten der Sarasvatī verehren.

Gāyatrī, die Göttin der Sonnenpreisung der Brahmanen

Brahmās zweite Gemahlin ist Gāyatrī. Sie hat fünf Köpfe mit gütigen Gesichtern, zehn Arme, die Attribute Viṣṇus halten, und sitzt auf einem Lotos. Den rechten Fuß hat sie tiefer gestellt. ⑧

Gāyatrī ist die Personifikation einer vedischen Hymne an die Sonne (savitṛ). Die Hymne lautet in Übersetzung:

Oṁ! O Erde, Luftraum und Himmel!
Lasset uns nachdenken über den herrlichen Glanz der Göttlichen Sonne. Möge (Savitṛ) unsere Geister lenken.
Oṁ! (Ṛv 3,62,10)

Die 24 Kernsilben des Sanskrit-Originals dürfen nur von Brahmanen, Kṣatriyas und Vaiśyas, d.h. nur von den Zweimalgeborenen (dvija), nicht aber von Frauen gesprochen werden. Sie sind zweimal am Tag, und zwar »in den beiden Dämmerungen« (sandhyayoḥ), rituell zu wiederholen. Mit der Zeit nahm die Gāyatrī-Formel die Bedeutung eines Mantra an. Sie trägt die Opfergabe zu den Göttern, beschwichtigt zornige Gottheiten und wehrt von den Planeten kommendes Unglück ab. Alle diese Funktionen wurden hypostasierend auf die Göttin Gāyatrī übertragen.

Zweitgemahlin des Brahmā wurde Gāyatrī durch einen Zufall. Als Brahmā ein Ritual vollziehen wollte, bei dem die Anwesenheit seiner Gemahlin Sarasvatī erforderlich war, ließ diese auf sich warten. Auf der Stelle heiratete Brahmā die Gāyatrī, um das Ritual durchführen zu können. Als Sarasvatī davon erfuhr, verwünschte sie Brahmā dazu, nur einmal im Jahr Mittelpunkt religiöser Verehrung zu sein.

Viṣṇu und seine Familie

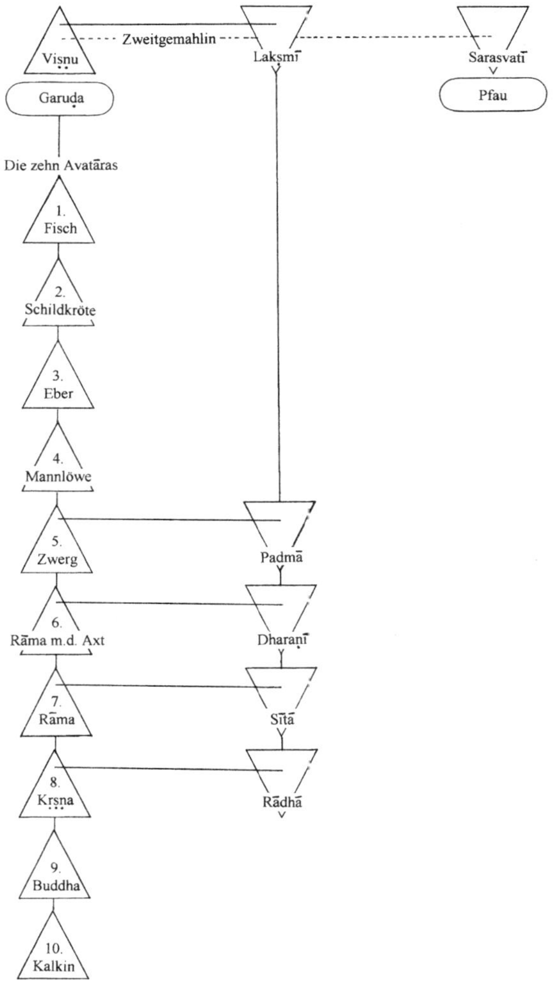

⑨

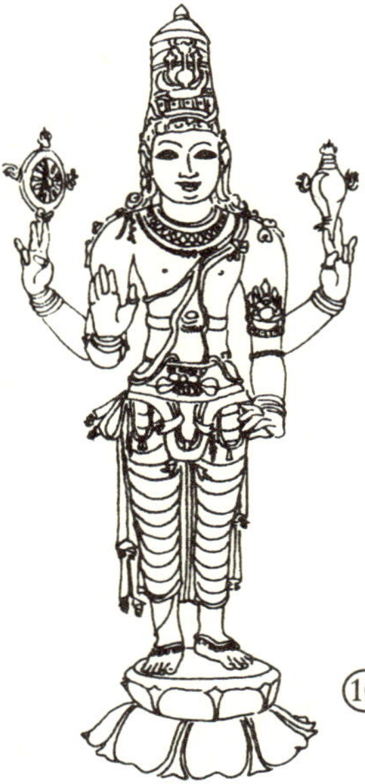

⑩

Viṣṇu

Viṣṇu oder Hari ist ein strahlender jugendlicher Gott mit vier Armen. Er trägt königliche Kleidung und eine hohe Königstiara (kirīṭamukuṭa). ⑨ Von der linken Schulter herab hängt ihm die Brahmanenschnur. Oft hat er auf der Brust das Juwel Śrīvatsa oder Kaustubha, dazu schmücken ihn Halskette, Oberarmspangen, Armreife und Ringe. ⑩ Manchmal trägt er eine schwere Girlande von Waldblumen.

Viṣṇus markanteste Erkennungszeichen sind die Attribute in seinen vier Händen.

Der *Diskus* (cakra) ist ein flacher Eisenring, an der Außenkante scharf geschliffen, der in die Schlachtordnung der Feinde geschleudert wird. Er versinnbildlicht die Sonne in ihrem unaufhaltsamen Lauf. Die Waffe wird bei Viṣṇu manchmal durch einen Lichtring, oft durch ein Rad ersetzt, das gerechte Herrschaft symbolisiert.

⑪

Die *Muschel* (śaṅkha), genauer das Muschelhorn, wird in Indien bei festlichen religiösen Anlässen geblasen. Sein Schall dringt in alle Weltgegenden – gleich der Natur des Viṣṇu, welche die Wesen aller Richtungen durchdringt und beseelt. Diskus und Muschel weisen oft vier Flammen auf, die die große Reichweite der Attribute andeuten sollen.

Der *Lotos* (padma) ist das Symbol der Reinheit, denn er wächst aus dem schmutzigsten Tümpel makellos hervor. In geschlossener Form als Knospe kennzeichnet er Viṣṇu als den Urheber der Schöpfung, zur Blüte geöffnet ⑨ symbolisiert er die Schöpfung und das Universum.

Die *Keule* (gadā) erscheint bei Viṣṇu emporgerichtet oder auf die Erde gestützt. Sie deutet Stärke an und gibt zu verstehen, daß Viṣṇu die Dämonen bekämpft.

Die Verteilung der Attribute auf Viṣṇus vier Hände ist nicht einheitlich. Je nachdem welche Hand welches Emblem hält, werden 24 Erscheinungsformen Viṣṇus unterschieden. Diskus und Muschel sind konstante Attribute, Lotos und Keule können fehlen; die Hände bleiben dann frei. Bei stehenden Darstellungen des Gottes kann eine Hand nach unten gerichtet sein, um das Abstützen auf der Keule anzudeuten. ⑩ Die rechte untere Hand zeigt die Ermutigungsgeste (abhayamudrā). Dies gilt auch für Darstellungen des Viṣṇu in sitzender Haltung. ⑪

⑫

⑬

Viṣṇus Begleitung und Träger ist der mythische Adlermensch Garuḍa, der als gedrungener Mann mit Schnabel und Flügeln dargestellt wird. ⑫ Auf ihm reitet Viṣṇu über den Himmel. ⑬ In der indischen Mythologie ist der Halbmensch mit dem Hakenschnabel der König der Vögel und ein Feind der Schlangen. Im Kampf der Mächte des Himmels gegen die Gewalten der Erde symbolisiert er das himmlische Prinzip. Es war konsequent, ihn dem Viṣṇu zuzuordnen, dessen Reich ebenfalls der Himmel (vaikuṇṭha) ist.

Viṣṇus Gemahlin ist die gütig lächelnde Lakṣmī oder Śrī, eine Göttin eigenen Rechts, die als Glücks- und Wohlstandsgöttin sehr volkstümlich ist. Als zweite Gattin des Viṣṇu gilt bei einigen Bekennern die (ansonsten mit Brahmā verbundene) Sarasvatī.

Im Ṛgveda, in dem Viṣṇu noch eine Nebenrolle spielt, erscheint er als der mit drei Schritten das All durchmessende Gott: eine Anspielung auf den Lauf der Sonne, die im Ṛgveda durch den Sonnengott Sūrya (in verschiedenen Aspekten als Pūṣan, Savitṛ, Āditya und Vaiśvānara) vertreten ist. Später wurden wesentliche Züge Sūryas auf Viṣṇu übertragen. Wie Sūrya mit seinen Strahlen den Äther durchdringt, so belebt Viṣṇu das Universum. Er ist die Weltseele (brahman), die in jedem Lebewesen als Individualseele (ātman) vorhanden ist, der zeitlos-ewige Urgott, der die kosmischen Gesetze hütet. Wenn das Universum vergeht: er bleibt bestehen und wird dereinst zum Urheber und Beseeler einer neuen Welt.

Als Gott aus der Ewigkeit kommend und mit ewiger Zukunft, hat Viṣṇu schon viele Weltphasen (yuga) durchlebt. Im Kṛtayuga, der besten Weltphase, ist seine Hautfarbe weiß, im Tretāyuga rot, im Dvāparayuga gelb und im Kaliyuga schwarz. Da die Welt sich gegenwärtig im Kaliyuga, der schlechtesten Weltphase, befindet, wird Viṣṇu in der Malerei schwarz dargestellt – aus künstlerischen Gründen zumeist gemildert zu blau.

Die Viṣṇu-Gläubigen (Vaiṣṇavas) haben immer wieder versucht, Śiva und Brahmā herabzusetzen, um ihren eigenen Gott zu erhöhen: So sei Śiva, dessen von Südindien nach Norden vordringender Kult im 8. Jahrhundert für den Viṣṇuismus zur Gefahr wurde, aus Viṣṇus Stirn entsprungen. Brahmā degradierten sie zur Sekundärgottheit und übertrugen einige Brahmā-Mythen auf Inkarnationen des Viṣṇu.

Wo hält Viṣṇu sich auf, wenn die Welt vergangen ist? Wie verbringt der ewige Gott die kosmische Daseinspause bis zur Schöpfung einer neuen Welt?

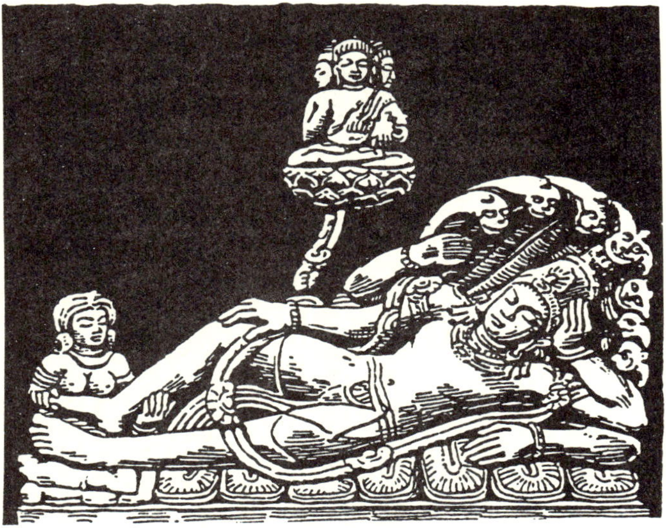

⑭

Er schläft auf den Windungen der Schlange »Endlos« (Ananta)⑭, die den Ur-Ozean darstellt, in den sich die Natur bei der Weltauflösung (pralaya) zurückzieht. Die Schlange heißt auch »Rest« (Śeṣa), weil sie alles birgt, was von der vergangenen Welt übriggeblieben ist. Mit ihren fünf, sieben oder elf Köpfen und der gespreizten Kobra-Halshaut überwölbt sie den schlafenden Gott. Einer der Beinamen des Viṣṇu ist »Der die Ananta-Schlange zum Bette hat« (Anantāśāyana). Ohne seine Attribute liegt Viṣṇu entspannt auf der Seite; liebevoll massiert seine Gattin Lakṣmī ihm die Füße.

Sobald Viṣṇu nach dem Erwachen beschlossen hat, eine neue Welt entstehen zu lassen, erwächst aus seinem Nabel eine Lotosknospe. Wenn sie sich zur Blüte entfaltet, sitzt in ihrer Mitte der vierköpfige Gott Brahmā, der »(Stamm-)Vater der Wesen« (Prajāpati).

⑮

Dann erhebt sich Viṣṇu von seinem Lager. Als »Der aus dem (Ur-)Wasser Kommende« (Nārāyaṇa) steht er auf der Ozeanschlange. ⑮ Unter den Beigaben in seinen Händen ist der Lotos noch als Knospe geschlossen und charakterisiert ihn als den Urheber der Schöpfung. Ist der Schöpfungsakt vollendet und der Lotos erblüht, nimmt Viṣṇu wieder seinen Platz im Vaikuṇṭha-Himmel ein.

In der Kunst kaum darstellbar ist Viṣṇus Erscheinungsform als »Der Allgestaltige« (Viśvarūpa). Sie geht zurück auf Viṣṇus Selbstoffenbarung in der Bhagavadgītā. Die Gītā ist ein philosophisch-theologischer Sanskrit-Text von 700 Strophen, der in das indische Nationalepos Mahābhārata (»Das große [Epos] vom Kampf der Bharata-Nachkommen«) eingebettet ist. Sie ist wahrscheinlich im 4. Jahrhundert v. Chr. entstanden und dürfte, nach zahlreichen Ergänzungen, ihre Schlußredaktion im 2. Jahrhundert n. Chr. erhalten haben.

⑯

So berichtet die Bhagavadgītā: Die Armeen der Pāṇḍavas und der Kauravas stehen sich in Schlachtordnung gegenüber, gleich wird es zu fürchterlichem Blutvergießen kommen. Entsetzt erkennt der Pāṇḍava-Krieger Arjuna in der gegnerischen Armee zahlreiche Blutsverwandte. Fragen drängen auf ihn ein: Darf er gegen sie kämpfen? Darf er sich an ihrem Tod mitschuldig machen? Mutlos sinkt Arjuna in sich zusammen.

Da wendet sich Kṛṣna, der Lenker (sūta) seines Streitwagens, zu ihm um ⑯ und belehrt ihn, daß nur der Körper sterblich ist, die Seele (ātman) aber nicht getötet werden kann (BhG 2,13–27). Zudem sei es die Kastenpflicht des Kriegers (kṣatriya), in den Kampf zu ziehen (2,31–33). Als Arjuna immer noch zaudert, offenbart sich Kṛṣna als der Gott Viṣṇu und zeigt sich vor Arjuna in seiner göttlichen Allgestalt (11,9ff.). Erschüttert verneigt sich Arjuna vor der überwältigenden Erscheinung (11,14):

In Deinem Körper, o Gott, sehe ich alle Götter (vereint), desgleichen die verschiedenen Scharen von Wesen. Brahmā (sehe ich), den Herrn auf dem Lotosthron, alle Weisen und die himmlischen Schlangen. (BhG 11,15)

Ich sehe Dich in Deiner nach allen Seiten endlosen Gestalt (Anantarūpa), mit vielen Armen, Leibern, Gesichtern und Augen; kein Ende, keine Mitte und keinen Anfang sehe ich an Dir, o Du Herr des Alls, du »Allgestaltiger« (Viśvarūpa). (11,16)

Ich sehe Dich mit Deinem Diadem, Deiner Keule und Deinem Diskus, der mit seiner Lichtflut in allen Richtungen leuchtet. Schwer wahrnehmbar (bist Du), der Du rundum (blendest) mit dem Strahlen der feuerflammenden Sonne, unermeßlich. (11,17)

Aufgerichtet durch Viṣṇus Belehrung und ermutigt durch seine Selbstoffenbarung und Siegeszusicherung (11,33), entschließt sich Arjuna, gegen die Kauravas zu kämpfen (18,73).

Es versteht sich, daß der allgestaltige (viśvarūpa) und endlose (anantarūpa) Gott Viṣṇu nicht ikonographisch getreu wiederzugeben ist. Skulpturen des Viśvarūpa-Viṣṇu sind daher rar und reduzieren den Gott auf eine vielarmige Wesenheit mit einer Pyramide von Köpfen, identifizierbar vor allem an den Attributen Diskus und Muschel, Lotos und Keule. Ein Farbdruck, der auf den Basaren Indiens angeboten wird, zeigt den Viśvarūpa-Viṣṇu mit 22 Armen und so vielen göttlichen, menschlichen und tierischen Köpfen, daß die äußeren in der Ferne verschwimmen. Unter den Köpfen sind auch die des Brahmā und des Śiva sowie der Mitglieder ihrer Familien auszumachen.

Als Beseeler und Herr seiner Schöpfung ist Viṣṇu daran gelegen, die Welt zu schützen, die Ordnung (dharma) zu sichern, den Tugendhaften zu helfen und die Bösen zu züchtigen. Immer wieder muß er deshalb vom Vaikuṇṭha-

Himmel in die Welt hinabsteigen, um dort tätig zu werden. Theoretisch ist die Zahl von Viṣṇus Inkarnationen (avatāra) unbegrenzt. Die Hindu-Theologen unterscheiden Vollinkarnationen (mukhyāvatāra), in denen Viṣṇu sich als Wesen eigener Schöpfung verkörpert, Inbesitznahme-Inkarnationen (āveśāvatāra), bei denen er in eine bereits existierende Person schlüpft, um durch sie etwas Bestimmtes zu bewirken, und Teilinkarnationen (aṃśāvatāra), bei denen er mit einem Teil seines Wesens als ein untergeordneter Gott auftritt. Das System ermöglicht, jede in der Welt geschehende Heilstat dem Wirken Viṣṇus zuzuschreiben.

Im Denken der Viṣṇu-Anhänger und als Themen der indischen Kunst besitzen vor allem die zehn Vollinkarnationen des Gottes Bedeutung, in denen er auftritt als

1. Fisch
2. Schildkröte
3. Eber
4. Mannlöwe
5. Zwerg
6. Rāma mit der Axt
7. Rāma
8. Kṛṣṇa
9. Buddha
10. Kalkin

Die Inkarnationen 1 bis 4 gehören der ersten Weltphase (kṛtayuga) an, 5 bis 7 der zweiten (tretā°), Nr. 8 der dritten (dvāpara°) und die restlichen 9 und 10 der vierten (kali°). Viele Tausend solcher Weltphasen (yuga) machen ein Weltzeitalter (kalpa) aus.

Viṣṇus Inkarnation als Fisch (matsya)

Satyavrata (oder auch Manu) war ein frommer König und verehrte den Viṣṇu in seiner Form als Nārāyaṇa. Als er einst an einem Flußufer mit den zur Schale zusammengelegten Händen Wasser schöpfte, fand er in seinen Händen einen winzigen Fisch. Satyavrata warf ihn in den Fluß zurück. Der Fisch schwamm jedoch erneut in Satyavratas Nähe und sprach: »O König, warum schleuderst du mich

⑰

zurück in das Wasser, in dem zahllose Tiere uns Fischen gefräßig nachstellen?« Mitleidvoll nahm Satyavrata den Fisch aus dem Fluß und trug ihn in seinem Opferwasserkännchen nach Hause. Er wußte nicht, daß der Gott Viṣṇu die Gestalt eines Fisches angenommen hatte, um ihm, dem frommen Satyavrata, eine Gunst zu erweisen.

Am nächsten Tage war der Fisch bereits gewachsen und bat, in ein größeres Gefäß gesetzt zu werden. Satyavrata entsprach dem Wunsch, aber der Fisch wuchs weiter. Binnen eines Tages mußte Satyavrata ihn in einen großen Wasserkrug, einen Teich und einen See umsetzen. Als er sich anschickte, den ständig weiter wachsenden Fisch zum Meer zu tragen, um ihm dort die Freiheit wiederzugeben, erhob der Fisch abermals die Stimme und bat darum, ihn nicht der Gefährdung durch Meeresungeheuer (makara) und andere Wasserwesen auszuliefern. Da begriff Satyavrata, daß es sich bei dem sprechenden Fisch um eine Erscheinung des Nārāyaṇa (= Viṣṇu) handeln müsse. ⑰ Ehrfürchtig verneigte er sich vor ihm: »O Herr, Du bist die Seele und die Zuflucht von uns allen, die wir Deine An-

⑱

hänger sind. All Deine Inkarnationen dienen dem Wohle der Wesen. Bitte laß mich wissen, warum Du diese Gestalt angenommen hast!«

Viṣṇu in Gestalt des Fisches sprach: »König, in sieben Tagen werden Erde, Luftraum und Himmel im Ozean der Auflösung untergehen. Bevor sie im Meer versinken, werde ich dir ein großes Boot senden. Nimm alle Arten von Pflanzen und Samen mit und steige, begleitet von den sieben Weisen (ṛṣi), in das Boot und laß dich treiben. Darauf werde ich als Fisch mit einem Horn erscheinen, und du bindest das Boot an meinem Horn fest.« Als der Fisch so gesprochen hatte, verschwand er. Satyavrata aber meditierte über den großen Gott Hari (= Viṣṇu), der ihm in Gestalt eines Fisches erschienen war.

Sieben Tage später ergossen mächtige Wolken ihren Regen über das Land, und der Ozean stieg, um die Welt zu verschlingen. Da erspähte Satyavrata ein Boot, das immer näher herankam. Sobald es das Ufer erreicht hatte, lud Satyavrata die Pflanzen und das Saatgut ein und ging mit den Weisen an Bord. Nachdem sie einige Zeit auf den Wassern getrieben waren, näherte sich ihnen ein gewaltiger Fisch mit einem Horn. ⑱ Wie ihm befohlen, band Satyavrata das Schiff an dem Horn fest. Als Seil benutzte er den Schlangenkönig Vāsuki. Alle Wesen in dem Boot priesen Viṣṇu und dankten ihm. Viṣṇu seinerseits offenbarte ihnen die Wahrheit der himmlischen Purāṇas und anderer Bücher sowie das geheime Wissen über die (Unsterblichkeit der) Seele (ātman). – Soweit der Bericht des Bhāgavata-Purāṇa (8,24).

Andere Texte teilen auch den neuen Anfang der Welt mit. Der große Fisch, so heißt es, habe das Boot über die Wasser zum Himālaya gezogen, wo Satyavrata es an einem aus den Fluten ragenden Gipfel festband. Als der Regen schließlich aufhörte, das Wasser sank und wieder Land sichtbar wurde, erkannte Satyavrata, daß alle Wesen zugrunde gegangen waren, nur die Personen und Pflanzen in dem Boot hatten überlebt. Satyavrata-Manu wurde zum Urvater einer neuen Menschheit, und aus den Pflanzen und Samen entsproß eine neue Natur.

Viṣṇus Inkarnation als Schildkröte (kūrma)

Aufgrund eines Fluches, der über sie ausgesprochen war, verloren die Götter einst ihre Jugend. Klagend über ihr graues Haar und die Runzeln in ihren Gesichtern, baten sie den Urgott Viṣṇu um Rat. Allein der Nektartrank Amṛta (»Todlosigkeit«) könne Abhilfe schaffen, erklärte Viṣṇu, aber dieser Trank sei nur aus dem Milchozean zu gewinnen, der die Welt umgab. Ohne Hilfe würden sie, die Götter, die Quirlung des weißen Meeres allerdings nicht zustande bringen. Nur mit der Unterstützung ihrer Widersacher, der Dämonen (asura), könne das gelingen. Tatsächlich brachten die Götter es fertig, mit den Dämonen einen Stillstand des Streites bis zum Ende der Quirlaktion zu vereinbaren.

Gemeinsam entwurzelten Götter und Dämonen den Berg Mandara und schleppten ihn zum Ufer des Milchmeers. Dort nahm Garuḍa, Viṣṇus Tragvogel, halb Adler,

⑲

halb Mensch, den Berg auf seinen Rücken und warf ihn über der Mitte des Milchmeers ab. Der Berg sollte als Quirlstock dienen. Als Quirlstrick nahmen Götter und Dämonen die Schlange Vāsuki. Sie wanden sie um den Mandara-Berg, und indem die Götter an dem einen, die Dämonen am anderen Ende der Schlange abwechselnd zogen, versetzten sie den Berg in Rotation.

Zuerst wollte das Werk nicht gelingen, denn der Berg war ohne Stütze und sank nach unten weg. Da nahm Viṣṇu die Gestalt einer Schildkröte an, ⑲ tauchte in den Milchozean hinab und nahm den Berg auf seinen Rückenpanzer. Sobald der Berg wieder über dem Milchmeer sichtbar wurde, konnten Götter und Dämonen die Quirlung fortsetzen. ⑳

Der Erfolg schien nicht mehr fern, als eine Gefahr auftrat. Das grausige Gift Hālāhala (oder Kālakūṭa) erschien auf dem Milchmeer und drohte, die Welt zu zersetzen. Es war der Urgott Śiva, der das Gift vernichtete, indem er es trank. So stark war die Todessubstanz, daß sie den Hals des Gottes blau färbte.

Als die festen und flüssigen Bestandteile der Milch sich

20

im Verlauf der Quirlung trennten, kamen 13 Schätze ans Licht, darunter die Göttin Śrī oder Lakṣmī, die Viṣṇus Gemahlin wurde, und Dhanvantari, der erste Arzt und Schöpfer der āyurvedischen Medizin. In der Hand hielt er das Gefäß mit dem Todlosigkeitstrank Amṛta, den die Götter brauchten, um ihre ewige Jugend zu erhalten (Nach Bhāg-Pur 8,6–8).

Viṣṇus Inkarnation als Eber (varāha)

Die Dämonen (asura) Hiraṇyakaśipu (»Goldkissen«) und Hiraṇyākṣa (»Goldauge«) waren Zwillinge. Einst hatte der Gott Brahmā ihnen zugesichert, daß niemand ihnen im Kampf ebenbürtig sein würde. Durch diese Zusage übermütig geworden, hatten sie die Erde brutaler Tyrannei unterworfen. Ständig suchten sie Streit.

Eines Tages erschien Hiraṇyākṣa mit der Kampfkeule in der Hand im Himmel und wollte die Götter zum Duell

㉑

herausfordern. Weil die Götter sich jedoch versteckt hatten, fand er sie nicht. Wütend sprang er vom Himmel ins Meer. Er tobte so wild, daß die Wogen hoch aufschäumten.

Einige Zeit später traf er Varuṇa, den Gott der Gewässer und der Tiefe, und versuchte, ihn durch ironische Reden zum Zweikampf zu provozieren. Geschickt entzog sich Varuṇa der Herausforderung mit der Bemerkung, nur Viṣṇu sei imstande, es mit ihm, dem mächtigen Hiraṇyākṣa, im Kampfe aufzunehmen. Viṣṇu habe zu der Zeit die Gestalt eines Ebers angenommen.

Tatsächlich erschien Hiraṇyākṣa in der Unterwelt (rasātala), wo Viṣṇu sich gerade aufhielt. Soeben hatte Viṣṇu, der Eber, die Erde auf seine Hauer genommen, um sie aus der Welt der Tiefe ans Licht emporzutragen, ㉑ als Hiraṇyākṣa einen Schwall von Schmähreden über ihn los-

㉒

ließ. »Wirf sie ab, die Erde«, sagte der Dämon, »uns, den Dämonen, hat der Schöpfer des Universums die Erde zugedacht: Warum würde sie sonst in die Unterwelt gesunken sein?« Der ebergestaltige Viṣṇu aber ließ sich nicht beirren. Er entstieg der Tiefenwelt und trug die vor Angst zitternde Erde (= Erdgöttin) empor an einen sicheren Platz. ㉒

Hiraṇyākṣa war dem ebergestaltigen Gott gefolgt. Vor den versammelten Göttern und Dämonen kam es zwischen den beiden zu einem furchtbaren Kampf mit Keulen. Lange wogte der Streit unentschieden hin und her, denn infolge von Brahmās Zusicherung war der Dämon fast unbesiegbar. Brahmā jedoch, der Tyrannei der Dämonenzwillinge schon lange überdrüssig, gab Viṣṇu einen Hinweis, wie Hiraṇyākṣa zu besiegen sei. Mit den Vorderläufen traf Viṣṇu, der Eber, den Dämon am Ansatz der Ohren. Einem gefällten Baume gleich brach Hiraṇyākṣa tot zusammen (Nach Bhāg-Pur 3,17–19).

Viṣṇus Inkarnation als Mannlöwe (Nṛsiṃha)

In seiner Begierde, Herr der Welt zu werden, hatte der Dämonenfürst Hiraṇyakaśipu, der Zwillingsbruder des von Viṣṇu als Eber getöteten Hiraṇyākṣa, in einer Höhle rigorose Askese aufgenommen. Durch seine Selbsttorturen hatte er so viel magische Energie (tapas) angesammelt, daß der Gott Brahmā nicht umhin konnte, ihm die folgenden Wünsche zu gewähren: Kein Wesen der Schöpfung werde ihn, Hiraṇyakaśipu, töten können; weder im Hause noch außerhalb des Hauses, weder bei Tage noch bei Nacht und weder durch einen Menschen noch ein Tier, werde ihn der Tod ereilen.

Unter den vier Söhnen des Hiraṇyakaśipu war der jüngste, Prahlāda, völlig aus der Dämonenart geschlagen. Er war ein glühender Verehrer des Viṣṇu und hatte durch seine Lobpreisungen des Gottes bereits erhebliche Verwirrung unter den Dämonen angerichtet. Da alle Ermahnungen und Umerziehungsversuche nichts fruchteten, beschloß Hiraṇyakaśipu, seinen Sohn Prahlāda töten zu lassen.

Der Versuch schlug fehl. Die Waffen der Dämonen prallten an dem Jungen ab. Weder waren Giftschlangen imstande, Prahlāda zu Tode zu beißen, noch Elefanten in der Lage, ihn zu zertrampeln oder aufzuspießen. Auch inmitten eines Feuers saß Prahlāda, auf Viṣṇu vertrauend und von ihm geschützt, ohne Schmerz und unbewegt. Seine Glaubensinbrunst war nicht zu erschüttern. Nach wie vor belehrte er seine dämonischen Altersgenossen über den Weg zur Erlösung und malte ihnen die Größe Viṣṇus aus.

Hiraṇyakaśipu brodelte vor Wut und stellte seinen Sohn eines Abends erneut zur Rede. Artig legte Prahlāda vor seinem Vater die Hände zum Gruß zusammen. »Wie kannst du behaupten«, schrie der Dämon, »es gebe außer mir noch einen anderen Herrn der Welt? Wo ist er denn?

㉓

Wenn er, wie du sagst, in allem ist, ist er dann auch in dieser Säule?« Und mit harter Faust schlug er auf den steinernen Eingangspfeiler des Hauses.

Da ertönte ein Donnern, das alle zutiefst erschreckte. Die Säule spaltete sich, brach auseinander, und aus ihr heraus trat Gott Viṣṇu als Mannlöwe – fürchterlich anzusehen mit seinem Löwenhaupt, gewaltigen Fangzähnen und grausamen langkralligen Pranken. Hiraṇyakaśipu erschrak, faßte sich aber und begann den Mannlöwen zuerst mit seiner Keule, dann mit dem Schwert anzugreifen. Die Keule wurde abgewehrt, das Schwert zerbrach. Mit seinen Pranken riß der Mannlöwe den Dämon zu sich heran, warf ihn über seine Knie auf den Rücken und riß ihm die Eingeweide aus dem Leibe. ㉓ So fand der Dämonenfürst trotz der Zusicherung Brahmās doch sein Ende: Nicht im Hause noch außerhalb des Hauses, sondern auf der Schwelle; nicht bei Tage und nicht bei Nacht, sondern in der Abenddämmerung; weder durch einen Menschen

㉔

noch durch ein Tier, sondern durch ein Wesen dazwischen. (Nach Bhāg-Pur 7,3–5+8) Prahlāda aber warf sich vor dem großen Gott auf die Knie und berührte andächtig seine Zehen. ㉔

Viṣṇus Inkarnation als Zwerg (Vāmana)

Viṣṇu, der die drei Schritte über Erde, Luftraum und Himmel tut (Trivikrama), kommt schon im Ṛgveda (1,154,1–4 u. ö.) und den Brāhmaṇas vor. In der ältesten Zeit scheint er mit der Sonne und deren drei Hauptstandorten – Osten, Zenit, Westen – identifiziert worden zu sein. Die Epen und Purāṇas verwandeln die Vorstellung in einen Weltrettungsmythos.

Es gab einmal eine Zeit, in der der Dämonenkönig Mahābali (»Der mit der großen Kraft«) die Welt und den

Götterhimmel beherrschte. Er war der Enkel des viṣṇugläubigen Dämonen Prahlāda und daher nicht durch und durch böse, sondern mit Anflügen von Wahrheitsliebe und Gutmütigkeit.

Mahābalis Herrschaft über die Welt und den Himmel bedrückte besonders die Göttermutter Aditi, die für ihre eigenen Kinder keine Chancen sah in der von Dämonen dominierten Welt. Sie konzentrierte deshalb ihr Denken auf Viṣṇu mit dem Erfolg, daß der Gott vor ihr erschien und versprach, als ihr eigener Sohn und Kind ihres Gatten geboren zu werden.

Nach neun Monaten brachte Aditi den Jungen zur Welt. Er wies alle Anzeichen hohen geistigen Ranges auf, war aber ein Zwerg. Bei der Feier zur Ausstattung des Kleinen mit der Brahmanenschnur beschenkten ihn die Gäste und Freunde mit den Utensilien, die ein Berufsbrahmane braucht, darunter Kultwasserkännchen und Schirm. (25)

Mahābali vollzog gerade ein Pferdeopfer (aśvamedha), als Viṣṇu, der Zwerg, gekleidet als Zeremonialbrahmane, im Kreise der Versammelten erschien. Mahābali begrüßte ihn, bot ihm einen Sitz an und fragte, welchen Wunsch er

ihm erfüllen könne. Der Zwerg erwiderte: »O (Dämonen-) König, nicht viel begehre ich von Dir, lediglich so viel Boden wie ich mit drei Schritten überspannen kann.« Trotz des Hinweises des Dämons, drei Schritte seien für einen Lebensunterhalt nicht ausreichend, beharrte der Zwerg bei seinem Wunsch. Darauf übergoß Mahābali die Hände des kleinen Brahmanen mit Wasser – im alten Indien der Rechtsakt der Eigentumsübertragung. Die Warnung seines Beraters Śukra, bei dem Zwerg handele es sich um den Gott Viṣṇu, tat Mahābali ab: Als Nachkomme des Prahlāda stehe er zu seinem gegebenen Wort.

Plötzlich wuchs der Zwerg ins Gigantische. Mit einem gewaltigen Schritt überspannte er den Herrschaftsbereich des Mahābali, (26) mit einem zweiten Schritt den Himmel, aber beim dritten Schritt zögerte er. Wohin sollte er den Fuß setzen? Schließlich setzte er ihn auf Mahābalis Kopf und drückte den Dämonenkönig in die Unterwelt (pātāla). So wurden die Dämonen an den ihnen zustehenden Ort verwiesen und Welt und Himmel von ihnen befreit. (Nach Bhāg-Pur 8,17–23).

Viṣṇus Inkarnation als Rāma mit der Axt (Paraśurāma)

Die Erzählung von Paraśurāma reflektiert die Spannungen zwischen der Kaste der Brahmanen (brāhmana) und der der Krieger (kṣatriya). Die Brahmanen fühlten sich als die Hüter der Spiritualität und Vermittler zwischen Menschen und Göttern. Der Kriegeradel besaß die politische und militärische Gewalt im Land – und machte zuweilen auch illegalen Gebrauch von ihr. Die Geschichte von Paraśurāma soll zeigen, daß die Brahmanen gegen Übergriffe des Kriegeradels nicht wehrlos sind.

Einst befand sich Kārtavīrya-Arjuna, der König der Haihayas, mit seinem Gefolge auf der Jagd. Ermattet vom Durchstreifen des Waldes, kam die Schar zur Einsiedelei des Brahmanen und Heiligen Jamadagni. Dieser bot den Gästen alle Bequemlichkeiten, die seine bescheidene Einsiedelei hergab. Die Speisen stammten von der Wunschkuh (kāmadhenu), die Jamadagni im Stall hatte und die außer dem Lebensunterhalt für Jamadagni, seine Frau Renukā und die gemeinsamen vier Söhne auch das Butterfett lieferte, um das heilige Feuer am Brennen zu halten.

König Kārtavīrya-Arjuna erwies sich als undankbarer Gast. Erkennend, daß Jamadagnis Kuh, aus der man alle Wünsche herausmelken konnte, mehr wert sei als seine eigenen Besitztümer, ließ er die Kuh und ihr Kälbchen rauben und in seine Stadt Mahīṣmatī bringen.

Der König hatte Jamadagnis Einsiedelei wieder verlassen, als Paraśurāma, Jamadagnis jüngster Sohn, in dem sich der Gott Viṣṇu verkörpert hatte, aus dem Walde heimkam. Als er von dem Raub der Wunschkuh erfuhr, packte ihn die Wut. Er ergriff seine Kampfaxt (paraśu) (27) und andere Waffen und machte sich auf, Kārtavīrya zu verfolgen. So erreichte er dessen Hauptstadt Mahīṣmatī. Alle Soldaten, die Kārtavīrya ihm entgegensandte, erschlug er. Schließlich stellte sich der König selbst zum Kampf. Paraśurāma über-

㉗

㉘

wand auch ihn und schlug ihm den Kopf ab. ㉘ Entsetzt ergriffen die Söhne des Königs die Flucht. Paraśurāma aber führte die Wunschkuh und ihr Kalb in die Einsiedelei zurück und übergab sie seinem Vater.

Jamadagni indes tadelte seinen Sohn: »Kind, wir sind Brahmanen. Verehrungswürdig geworden sind wir durch die Tugend der Nachsicht. Die Tötung eines geweihten Königs ist schändlicher als die Tötung eines Brahmanen. Darum sühne deine Schuld, indem du dich auf den Herrn (Viṣṇu) konzentrierst und auf Pilgerschaft gehst.« Paraśurāma, der sein wahres Wesen nicht offenbarte, gehorchte dem frommen Vater und verbrachte ein Jahr auf der Pilgerwanderschaft durch Indien, wonach er wieder in der Einsiedelei lebte.

Die Söhne des von Paraśurāma getöteten Königs Kārtavīrya konnten indessen Paraśurāmas Tat nicht vergessen. Eines Tages, als er und seine Brüder sich fern der Einsiedelei im Walde aufhielten, überfielen sie die Klause und töteten Jamadagni, der vor dem heiligen Feuer meditierte.

Paraśurāma, mit seinen Brüdern in die Einsiedelei zurückgekehrt, hielt sich nicht mit Klagen auf. Er ergriff seine Axt, zog erneut nach Mahīṣmatī und tötete alle Söhne des Kārtavīrya. Dann rächte er sich an der gesamten Kriegerkaste: Für dreimal sieben (Jahre? Generationen?) löschte er sie von der Erde aus. (Nach Bhāg-Pur 9,15–16).

Viṣṇus Inkarnation als Rāma

Zu einer Zeit gegen das Ende der zweiten Weltphase (tretāyuga) lebte auf der Insel Ceylon (Laṅkā) ein zehnköpfiger Dämonenfürst namens Rāvaṇa. Durch eiserne Askese hatte er so viel Glut (tapas) angesammelt, daß ihm fast nichts mehr unmöglich war. Sogar die Götter ängstigten sich vor ihm und baten den Urgott Viṣṇu, sie von dem Dämon zu befreien. Viṣṇu versprach, sich in der Welt zu inkarnieren, um Abhilfe zu schaffen.

In Ayodhyā, der Hauptstadt des Reiches Kośala, regierte damals König Daśaratha (»Zehnwagen«) aus der Sonnendynastie. Da er kinderlos war, brachte er ein großes Pferdeopfer dar, das die Götter bewog, ihm die Geburt von vier Söhnen zu versprechen. Tatsächlich brachten Daśarathas Frauen vier Jungen zur Welt. Kauśalyā gebar den Rāma (oder Rāmacandra), in dem sich Viṣṇu verkörpert hatte, Kaikeyī den Bharata und Sumitrā die Brüder Lakṣmaṇa und Śatrughna. Auch sie hatten etwas vom Wesen des Gottes in sich.

Als die vier Daśaratha-Söhne herangewachsen waren, besuchten sie durch Vermittlung des Sehers Viśvāmitra den Hof des Königs Janaka von Videha. Der König hatte eine Pflegetochter namens Sītā, die er demjenigen anvermählen wollte, der imstande war, den Kampfbogen zu spannen, der einst dem Gott Śiva gehört hatte. Rāma spannte den Bogen nicht nur (29), sondern zerbrach ihn. So gewann er die schöne Sītā zur Frau.

Unterdessen hatte König Daśaratha von Ayodhyā beschlossen, den Kronprinzen Rāma zum Mitregenten weihen zu lassen. Die Vorbereitungen waren in vollem Gange, als ein unerwartetes Hindernis eintrat.

Angestiftet von einer buckligen Sklavin, verlangte Kaikeyī, die zweite Frau König Daśarathas, daß ihr Sohn, Rāmas jüngerer Halbbruder Bharata, anstelle des erstgeborenen Rāma Mitregent und später König werden solle. Da

㉙

sie dem König einst das Leben gerettet und dafür zwei Wünsche frei hatte, konnte Daśaratha ihr die Bitte nicht abschlagen. Er verfügte deshalb, daß statt des Rāma der Bharata zum Mitregenten geweiht würde und Rāma sich 14 Jahre in die Verbannung zurückzuziehen habe.

Gehorsam und loyal unterwarf sich Rāma diesem Wunsche. Begleitet von seiner Gemahlin Sītā und seinem Halbbruder Lakṣmaṇa, ㉚ verließ er Ayodhyā, um sich am Citrakūṭa(-Berg) südlich des Yamunā-Flusses niederzulassen. Mit eigener Hand baute Lakṣmaṇa dort für Rāma, Sītā und sich selbst eine Hütte.

Nicht lange nach Rāmas Verbannung aus Ayodhyā starb König Daśaratha aus Gram über seine eigene Ungerechtigkeit, und Bharata war aufgerufen, den Thron zu besteigen. Er weigerte sich jedoch und zog zum Citrakūṭa hinaus, um Rāma als den rechtmäßigen Herrscher in die Hauptstadt heimzuholen. Aber Rāma sträubte sich. Erst wenn die von seinem Vater verfügte Verbannung abgelaufen sei, werde er nach Ayodhyā heimkehren und die Herrschaft übernehmen, so erklärte er. Schließlich fand man eine Notlösung:

30

Bharata verwaltete den Thron von Ayodhyā in Rāmas Namen als Vizeregent. Als Zeichen des wahren Herrschers dienten ein Paar Sandalen des Rāma auf dem Thron, die bei allen Staatsakten und Zeremonien gezeigt wurden.

Zehn Jahre vergingen. Mehrfach wechselten Rāma, Sītā und Lakṣmaṇa ihren Wohnort, bis sie sich schließlich am Godāvarī-Fluß niederließen. Die Gegend war zwar lieblich, aber von riesigen Dämonen (rākṣasa) heimgesucht. Zwischen den Neuansiedlern und den Dämonen kam es rasch zum Konflikt.

Denn die Dämonin Śūrpanakhā (»Die Fingernägel hat wie Getreideworfeln«), eine Schwester des Dämonenkönigs Rāvaṇa von Laṅkā (Ceylon), hatte sich in den schönen Rāma verliebt, war aber von ihm abgewiesen worden. Als auch Lakṣmaṇa sie zurückwies, geriet sie in Zorn und drohte, sich an Sītā zu rächen. Das brachte Lakṣmaṇa so auf, daß er die Dämonin ergriff und ihr Nase und Ohren abschnitt. Da ihre jüngeren Brüder gegen Rāma und Lakṣmaṇa nichts ausrichten konnten, floh die entstellte Frau

(31)

(32)

nach Lankā, um ihren älteren Bruder, den zehnköpfigen Dämonenfürsten Rāvaṇa, (31) gegen Rāma und Lakṣmana zu mobilisieren. Geschickt pflanzte sie ihm Begehren nach der schönen Sītā ins Herz: Wer sie besitze, beherrsche die Welt. Rāvaṇa beschloß, Sītā für sich zu gewinnen, sei es friedlich oder mit Gewalt.

Auf seinem himmlischen Wagen setzte er von Laṇkā nach Indien über, wo er den Beistand des als Asket lebenden Dämons Mārīca fand. In der Nähe von Rāmas Einsiedelei verwandelte sich Mārīca in eine goldene Gazelle. Sītā, die das herrliche Tier erblickte, bat ihren Gatten, ihr die Gazelle zu beschaffen. Vom Jagdfieber gepackt verfolgte Rāma das fliehende Tier und ließ dabei die Einsiedelei weit hinter sich. Nach längerer Hatz gelang es ihm, die Gazelle mit dem Pfeil zu erlegen.

Sītā machte sich derweil Sorgen um Rāma und bat den zu ihrem Schutz zurückgebliebenen Lakṣmaṇa, Rāma zu suchen. Gegen besseres Wissen machte Lakṣmaṇa sich auf den Weg. Dies war die Situation, die Rāvaṇa erhofft hatte. Als Bettelmönch verkleidet näherte er sich der einsamen

Sītā und versuchte, sie durch betörende Reden zu gewinnen. Als Sītā ihn abwies, nahm er wütend seine wahre Dämonengestalt an, riß Sītā mit Gewalt an sich und entführte sie durch die Luft nach Laṇkā.

Rāma und Lakṣmaṇa, in die Einsiedelei zurückgekehrt, brauchten einige Zeit um herauszufinden, was mit Sītā geschehen war. Schließlich erhielten sie den Rat, zu ihrer Befreiung die Hilfe des Affenkönigs Sugrīva und seines Ministers und Generals Hanumat zu erbitten. Durch ein gegenseitiges Hilfeversprechen schlossen Rāma und die Affen einen Pakt.

Es war der Affengeneral Hanumat, ㉜ der Sohn des Windes, der herausfand, wohin Rāvaṇa die Sītā verschleppt hatte. Er bestieg den Berg Mahendra (in Südindien) und sprang von dessen Gipfel mit einem gewaltigen Satz zur Insel Laṅkā (Ceylon) hinüber. Auf dem Berge Trikūṭa (in Laṅkā) erspähte er Rāvaṇas befestigte Stadt mit ihrem Palast. Sītā fand er als Gefangene in einem Gartenhaus und sah, wie Rāvaṇa sie bedrängte, aber energisch von ihr zurückgewiesen wurde. Sobald Rāvaṇa außer Sicht war, berichtete Hanumat der Sītā von Rāmas Sehnsucht nach ihr und den Vorbereitungen für ihre Befreiung.

Beim Ausspionieren der Armee des Rāvaṇa geriet Hanumat in die Gefangenschaft der Dämonen. Er vermochte aber, sich zu befreien und nach Indien zurückzukehren. Rāma war erleichtert, von Hanumat zu hören, daß Sītā noch lebte. Um Rāvaṇa anzugreifen, schlug der Affenkönig Sugrīva vor, zwischen Indien und Laṅkā eine Brücke zu bauen. Emsig schleppten die Affen Felsen und ganze Berge zur Küste und warfen sie ins Meer. ㉝ Binnen kurzem war eine Landbrücke nach Laṅkā hergestellt. Mit Rāma, Lakṣmaṇa und Hanumat an der Spitze setzte das Affenheer auf die Insel über und umzingelte Rāvaṇas Hauptstadt.

Als Rāvaṇa seine Stadt belagert sah, gab er Befehl zu einem Ausfall. Wuterfüllt schlugen Dämonen und Affen

㉝

aufeinander, auf beiden Seiten gab es Verwundete und Tote. Ein erbittertes Bogenduell entbrannte zwischen Rāma und Rāvaṇa; jeder überschüttete den anderen mit Pfeilen. Vergeblich schoß Rāma dem Rāvaṇa einen Kopf nach dem anderen ab, immer wuchs ein neuer hervor. Endlich traf ein Geschoß den Rāvaṇa ins Herz. Es dröhnte, als der Dämonenfürst tot auf dem Boden aufschlug. ㉞ In Panik ergriff das Dämonenheer die Flucht. Viṣṇu und die Macht des Guten hatten über das Böse gesiegt.

Rāmas Wiedersehn mit der befreiten Sītā verlief kühler als erwartet, denn Rāma wollte nicht glauben, daß Sītā den Annäherungen des Dämonenfürsten widerstanden hatte. Auf Sītās Bitte errichtete Lakṣmaṇa einen Scheiterhaufen, damit Sītā ihre Reinheit durch ein Feuerordal beweise. Unversehrt ging sie aus den Flammen hervor und wurde, unter dem Jubel des Affenheers, von Rāma als Gattin wieder aufgenommen. ㉟

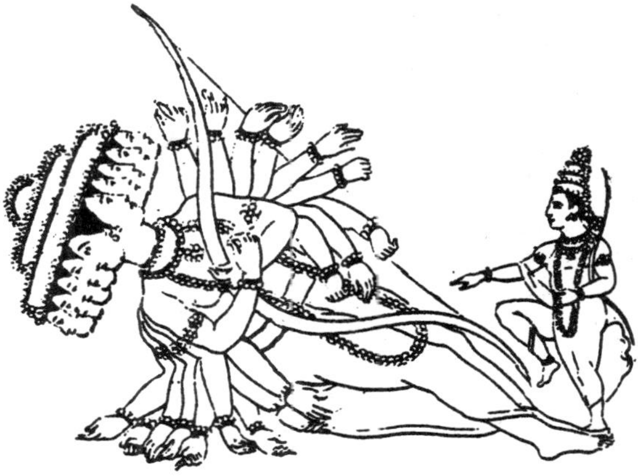

(34)

Zu diesem Zeitpunkt waren auch die 14 Jahre abgelaufen, die Rāma nach dem Befehl seines verstorbenen Vaters in der Verbannung zubringen sollte. Die Götter forderten ihn deshalb auf, nach Ayodhyā zurückzukehren. Hanumat wurde vorausgeschickt, um dem Bharata die Nachricht

(35)

von der Heimkehr des eigentlichen Herrschers zu überbringen. Bharata ließ die Stadt mit Blumen schmücken und durch Öllämpchen festlich beleuchten. Vom Volk bejubelt, zog Rāma in das strahlende Ayodhyā ein und wurde zum König geweiht. (Nach dem Rāmāyana des Vālmīki unter Benutzung der Inhaltsangabe von H. Jacobi)

Die Heimkehr des Rāma und der Sītā nach Ayodhyā wird in Indien jedes Jahr am vierten (= Vollmond-)Tag des Dīvālī-Festes (Oktober/November) gefeiert. Tausende brennender Öllämpchen vor den Häusern und Lichtgirlanden an allen öffentlichen Gebäuden erinnern bei diesem heiteren Fest an die Freude, mit der die Bürger Ayodhyās einst den göttlichen Helden und seine tugendhafte Gattin begrüßten.

Viṣṇus Inkarnation als Kṛṣṇa

Kṛṣṇa, »Der Schwarze«, oder vielleicht besser: »Der Dunkle«, war ursprünglich der Gott indischer Hirtennomaden. Erst später wurde er zu einer Inkarnation des Urgottes Viṣṇu erklärt und mit diesem identifiziert. Die bunte Vielfalt der Kṛṣṇa zugeschriebenen Taten – Schelmereien, Amouren, Wunder und theologische Unterweisungen – macht ihn bei jung und alt und in allen Bildungsschichten beliebt.

In Mathurā, der Stadt an der Yamunā, herrschte einst der böse König Kaṁsa, der seinen Vater Ugrasena abgesetzt und ins Verließ geworfen hatte. Alle stöhnten unter Kaṁsa und wünschten sich, daß der Urgott Viṣṇu der Unterdrükkung ein Ende bereite.

Kaṁsa hatte eine Schwester (nach anderen Quellen Nichte) namens Devakī, die mit dem Noblen Vasudeva aus dem Yādava-Stamm verheiratet war. Der achte Sohn aus dieser Ehe, so war dem König Kaṁsa geweissagt worden, würde ihn, den König, dereinst töten. Vorbeugend hatte Kaṁsa die Devakī mit ihrem Gatten im Palastkerker gefan-

㊱

gensetzen lassen. Jeden der sechs Jungen, die Devakī dort zur Welt brachte, tötete Kaṁsa mit eigener Hand. (Bhāg-Pur 10,1).

Als Devakī ein siebtes Mal schwanger wurde, gelang es durch das Eingreifen der Götter, den Embryo auf wundersame Weise auf Vasudevas nicht inhaftierte Zweitfrau Rohiṇī zu übertragen. Der Junge, den Rohiṇī als Kind der Devakī und Teilinkarnation des Viṣṇu gebar, hieß Balarāma (»Der starke Rāma«) und wurde später Kṛṣṇas engster Freund.

Kṛṣṇa, die Vollinkarnation des Urgottes Viṣṇu, wurde als Devakīs achter Sohn im Kerker geboren. Sofort fähig zu sprechen, offenbarte sich der Kleine seinen Eltern als Viṣṇu und bewirkte einen Zauber, um Kaṁsas Grausamkeit zu entgehen. Die Gefängniswärter fielen in Schlaf, Vasudevas Ketten zerbrachen und die Kerkertüren sprangen auf. Vasudeva nahm seinen Sohn, schlich aus dem Kerker und durchwatete, das Kind hochhaltend, in einer Regennacht die gefährlich angeschwollene Yamunā. ㊱ Am anderen Ufer fand er das Haus des Dorfvorstehers und Rinderzüchters Nanda, dessen Frau Yaśodā soeben einem

Töchterchen das Leben geschenkt hatte. Yaśodā lag noch im Schlaf nach der Entbindung, als Vasudeva ihr Kind gegen Kṛṣṇa austauschte. Yaśodās kleines Mädchen brachte er in den Palastkerker und legte es der Devakī an die Seite. (Bhāg-Pur 10,3) Bald darauf wurde dem Kaṁsa gemeldet, daß Devakī wieder ein Kind geboren habe.

Gerade wollte der böse König den Säugling gegen einen Stein schmettern, da entglitt das Kind seiner Hand und entschwebte in die Luft. Von oben erschallte eine Stimme: »O du Elender! Dein Bezwinger und Töter ist bereits anderswo. Hör auf damit, unschuldige Kinder zu töten!« Kaṁsa erbleichte. Er ließ Devakī und Vasudeva zwar frei, gab aber am nächsten Tag auf Anraten seiner Minister den Befehl, jeden in den letzten zehn Tagen geborenen männlichen Säugling in seinem Reich zu töten. Ein grausiges Kindermorden begann. (Bhāg-Pur 10,4)

Nanda und Yaśodā auf der anderen Seite der Yamunā hatten von dem Mordbefehl des Königs frühzeitig erfahren. Bevor die Kindestöter bei ihnen erschienen, verließen sie ihr Haus mit ihrem »Sohn« Kṛṣṇa und flüchteten, begleitet von der Rohiṇī und deren »Sohn« Balarāma, in die Landschaft Vraja nach Gokula.

Aber auch hier waren Kṛṣṇa und Balarāma nicht in Sicherheit, denn mißtrauisch, daß sein angekündigter Besieger die Kindertötung überlebt haben könnte, hatte Kaṁsa die Dämonin Pūtalā mit dem Auftrag entsandt, als Amme weitere Kinder durch eine Giftsalbe auf ihren Brustwarzen ums Leben zu bringen. Sie kam auch zu Kṛṣṇa, aber der sog die tückische Milchmutter derart aus, daß sie alle Lebenskraft einbüßte und an Ausdörrung starb. (Bhāg-Pur 10,6) Auch die Entführung in die Lüfte durch einen Wirbelwind-Dämon überstand der Kleine ohne Schaden. (Bhāg-Pur 10,7)

Schon als Krabbelkind war Kṛṣṇa stets zu Streichen aufgelegt. Er hängte sich an den Schwanz eines Kalbes und ließ sich von ihm über die Wiese ziehen. Etwas größer

(37)

geworden, stibitzte er den Hirtinnen Milch und Quark und teilte sie mit den Affen des Waldes. (Bhāg-Pur 10,8) Bei einer Gelegenheit, als seine (Pflege-)Mutter Yaśodā durch überkochende Milch abgelenkt war, zerschlug er mit einem Stein das Quirlfaß. Den Klumpen Butter, den er darin fand,(37) aß er zum Teil selbst, mit dem Rest fütterte er durch das Fenster die Affen. Yaśodā war äußerst ungehalten darüber und schalt ihn heftig. (Bhāg-Pur 10,9)

Wegen der Dämonenplage und deren Gefahr für die Kinder verlegten die Hirten von Gokula ihren Wohnsitz in den Vṛnda-Wald. In heiterem Spiel mit Hirten und Hirtinnen (gopī) wuchsen Kṛṣṇa und Balarāma hier zu stattlichen Jünglingen heran. (Bhāg-Pur 10,11) Kṛṣṇa wurde zu einer strahlenden Erscheinung – verständlich, daß die Frauen und Mädchen, die ihn früher mit mütterlichen Gefühlen betrachtet hatten, ihn zunehmend verliebter ansahen. Auch seine Haltung zu den Frauen änderte sich. Bisher hatte er, der im Wesen Viṣṇu war, sie als seine Kinder angesehen. Jetzt wurden seine Gefühle verliebter und intensiver. (Bhāg-Pur 10,13,25–30)

Und seine Streiche amouröser. Als er einmal am Ufer der Yamunā Lachen und Frauenstimmen hörte, schlich er mit einigen Freunden heran und sah, daß sich die Hirtinnen mit Baden, Tauchen und Wasserspritzen vergnügten. Ihre Sāṛhīs hatten sie am Ufer abgelegt. Kṛṣṇa sammelte

(38)

(39)

die Kleider ein und kletterte mit dem Bündel auf einen Baum.

Verlegenheit brach aus, als die Mädchen aus dem Wasser stiegen und ihre Kleider nicht wiederfanden. Zu guter Letzt sprach Kṛṣṇa die Frierenden von dem Baum herab an: Er werde ihnen ihre Sāṛhīs nur zurückgeben, wenn eine nach der anderen herankomme, um sich ihr Gewand abzuholen. Notgedrungen mußten die Mädchen seine Blicke auf sich nehmen. (Bhāg-Pur 10,22)

Kṛṣṇa spielte die Bambus-Querflöte (veṇu), und so ist er häufig in der Kunst dargestellt: als der »Rinderhirte mit der Flöte« (Veṇugopāla) in Tanzhaltung. (38) Die selteneren vierarmigen Darstellungen geben ihm zur Flöte zwei Attribute des Viṣṇu in die Hände, nämlich Diskus (oder Rad) und Muschel(horn). (39)

Als Musikmacher war Kṛṣṇa im Vṛnda-Wald der Mittelpunkt eines bukolischen Kreises. Hirtenfrauen und

(40)

Hirten, ja sogar scheue Waldtiere kamen auf den Klang der Bambusflöte herbei, um in seiner Nähe zu sein. (Bhāg-Pur 10,21) Treffpunkt war ein bestimmter Kadamba-Baum (Nauclea cadamba). (40) Wenn Kṛṣṇa den Reigentanz (maṇḍalanṛtya, rāsalīlā) anführte, glaubte jede Frau, daß er allein mit ihr tanze, (41) so sehr war jede in seinen Bann gezogen. (Bhāg-Pur 10,33)

(41)

(42)

Es war am Ufer der Yamunā, wo Kṛṣṇa und das schöne Hirtenmädchen Rādhā sich zum erstenmal begegneten. Begleitet von ihren Freundinnen, war Rādhā zu dem Fluß gekommen, um in ihrem Tonkrug Wasser zu holen, hatte sich aber von den anderen Gopīs entfernt. Unerwartet traf sie auf Kṛṣṇa. Nach anfänglichem Schmollen wegen Kṛṣṇas vieler Liebschaften, die sie aus der Ferne beobachtet hatte, wurden Rādhā und Kṛṣṇa Geliebte. (42) Sogar die Natur hatte für das Paar Verständnis. Im Monsun, als aus schweren Wolken Blitze zuckten und der Regen herniederströmte, bogen die Bäume sich herab, um den Liebenden für ihr Stelldichein einen trockenen Platz und Sichtschutz zu gewähren. (43)

Scharen von Dichtern und Miniaturmalern Indiens haben sich von der Liebe zwischen Rādhā und Kṛṣṇa inspirieren lassen und sie teils als erotischen Sinnenkitzel, teils

(43)

44

als Sinnbild der hingebenden Liebe (bhakti) des Menschen zu Gott behandelt.

Kṛṣṇas Liebschaften schmälerten keineswegs seine Göttlichkeit und übernatürliche Kraft. Dutzende von Wundertaten werden ihm zugeschrieben.

Im Kālindī-Fluß gab es einen gefährlichen Strömungswirbel, verursacht durch die riesige männliche Giftschlange Kāliya, die dort im Wasser wohnte. Wer sich am Ufer der Stelle näherte, starb allein vom Gifthauch der Schlange. Kṛṣṇa beschloß, den Kāliya unschädlich zu machen.

Von einem Baum am Ufer sprang er in das giftschwarze und brodelnde Wasser. Sofort umwand ihn die Schlange mit ihrem Leib und versuchte, ihren Giftbiß anzubringen. Kṛṣṇa sprengte die Umklammerung, tänzelnd wich er den Giftzähnen der Schlange aus. Nach einiger Zeit hatte er die

Schlange so ermattet, daß er sie an Land ziehen konnte und auf ihren Köpfen zu tanzen begann. (44) Er hätte den Kāliya getötet, wären nicht dessen Gattinnen vor ihm erschienen mit der Bitte, sie nicht zu Witwen zu machen. Aus Mitleid mit den Schlangenfrauen ließ Kṛṣṇa den Kāliya weiterleben, verbannte ihn aber auf eine Insel im Ozean. (Bhāg-Pur 10,16)

Zweimal rettete Kṛṣṇa die Leute von Vraja vor dem Untergang, einmal vor dem Feuer, das zweite Mal vor dem Wasser. In einer Nacht in der indischen Trockenzeit war ein Waldbrand ausgebrochen. Das Feuer fraß sich so rasch weiter, daß es, bevor die Leute von Vraja erwachten, sie und ihre Rinderherden eingeschlossen hatte. In höchster Gefahr wurde Kṛṣṇa angefleht zu helfen. Er tat es ohne Verzug, indem er das Feuer in sich hinein»trank«. (Bhāg-Pur 10,17; Zweitversion 10,19) Aus der Wassernot half Kṛṣṇa den Einwohnern von Vraja, nachdem er selbst das Unwetter herausgefordert hatte. Er hatte behauptet, der (vedische) Wetter- und Fruchtbarkeitsgott Indra brauche nicht mehr verehrt zu werden. Die Einwohner von Vraja hatten daraufhin die Indra-Verehrung eingestellt. (Bhāg-Pur 10,24) Zornig wegen des Verlustes von Opfergaben, überzog der Gott den Ort mit schweren Gewittern. Der Regen fiel so stark und lange, daß Vraja fast unter dem Wasser verschwand. Verzweifelt wandten sich die Einwohner an Kṛṣṇa um Schutz.

Da hob Kṛṣṇa den Berg Govardhana (bei Mathurā) empor wie einen Schirm und bot darunter den Menschen und dem Vieh von Vraja Trockenheit und Rettung. Mit einem einzigen Finger vermochte er den Berg sieben Tage lang emporzuhalten. (45) Am Ende gab Indra sich besiegt und zog sein Wolkenheer zurück. (Bhāg-Pur 10,25)

Während all dies geschah und Kṛṣṇas Ruhm sich verbreitete, hatte der böse König Kaṁsa von dem Weisen Nārada erfahren, daß Balarāma, das vorgebliche Kind der Rohiṇī, in Wahrheit der siebte, und Kṛṣṇa, das vorgebliche Kind

45

der Yaśodā, der achte Sohn der Devakī seien, also der Weissagung nach sein Bezwinger. Kaṁsa ersann deshalb eine Mordintrige. Akrūra wurde entsandt mit der Weisung, Kṛṣṇa und Balarāma mit dem Wagen zu den Sportkämpfen am Dhanu-Fest nach Mathurā zu holen. Zugleich befahl Kaṁsa seinem Elefantenführer, die beiden Brüder beim Eintreffen an der Arena durch sein Tier zu töten. Wenn dies fehlschlüge, sollten die Ringkämpfer Cāṇūra und Muṣṭika das Mordwerk im Wettkampf vollenden. (Bhāg-Pur 10,36)

Kṛṣṇa und Balarāma folgten der Einladung, obwohl Akrūra ihnen Kaṁsas Meuchelpläne offenbart hatte. Sie bestiegen den von Akrūra gelenkten Wagen (Bhāg-Pur 10,39) und erreichten Mathurā, wo die Bevölkerung sie begeistert begrüßte. Am nächsten Morgen, als die Athleten ihre Positionen in der Arena eingenommen hatten, gab König Kaṁsa das Zeichen, mit den Wettkämpfen zu beginnen. Umgeben von Würdenträgern, nahm er selbst Platz auf einem hohen Podest. (Bhāg-Pur 10,42)

Beim Eintreffen Kṛṣṇas und Balarāmas an der Arena trieb der Elefantenführer sein gigantisches Kampftier gegen Kṛṣṇa vor. Zweimal umschlang der angestachelte Elefantenbulle seinen Gegner mit dem Rüssel, stets konnte Kṛṣṇa sich entwinden. Kühn und flink reizte er das Tier zu blinder Rage: mal zog er es am Schwanz, mal schlug er dem grauen Riesen auf die breite Stirn. Bei einem der verzweifelten Angriffe des Giganten riß Kṛṣṇa das Tier am Rüssel auf die Erde und zertrat es mit dem Fuß. Die Stoßzähne des besiegten Kolosses schwingend, betraten er und Balarāma die Arena. Die Zuschauer jubelten.

Dann traten die Ringer Cāṇūra und Muṣṭika gegen Kṛṣṇa und Balarāma an. (Bhāg-Pur 10,43) Die beiden Söhne der Devakī erschienen schmächtig gegen die muskelbepackten Athleten, dennoch siegten sie. Kṛṣṇa schmetterte Cāṇūra auf die Erde, Balarāma fällte Muṣṭika durch einen Faustschlag. Drei weitere Kämpfer, die gegen die beiden Brüder aufgestellt waren, wurden gleichfalls besiegt. Das Publikum raste vor Begeisterung.

Den König Kaṁsa indessen auf seinem Podest packte wilde Wut. Schreiend verkündete er Verbannungs- und Todesurteile. Das wiederum brachte Kṛṣṇa auf. Er sprang auf das Podest, wo Kaṁsa saß. Dieser ergriff Schwert und Schild, aber Kṛṣṇa riß ihn von der Plattform herab und zerrte ihn in die Arena. Dort sprang er ihm auf die Brust und tötete ihn. – Die Weissagung, daß der achte Sohn der Devakī dem bösen König Kaṁsa das Ende bereiten würde, hatte sich erfüllt. (Bhāg-Pur 10,44)

Nach Kaṁsas Tod wurde der abgesetzte König Ugrasena wieder in sein Amt eingesetzt. Kṛṣṇa und Balarāma blieben in Mathurā und unterstellten sich dem Weisen Sāndīpani als Schüler. In nur neun Wochen eigneten sie sich perfekte Kenntnisse an in Phonetik, Ritualistik, Grammatik, Vedakunde, Bogenschießen, Rechtskunde, Exegetik (mīmāṁsā), Logik und den sechs Taktiken der Politik. (Bhāg-Pur 10,45)

Unter den Witwen des von Kṛṣṇa erschlagenen Königs Kaṁsa gab es zwei Töchter des Königs Jarāsandha von Magadha, die ihren Vater zur Rache an Kṛṣṇa aufforderten. Achtzehnmal versuchte Jarāsandha mit seiner Armee, die Stadt Mathurā zu erstürmen oder bis zur Kapitulation zu belagern – stets wurde sein Heer geschlagen. Als aber noch andere Könige zugunsten Jarāsandhas eingriffen, hielt Kṛṣṇa es für klüger, mit den Angehörigen des Yādava-Stammes die Stadt Mathurā zu verlassen und nach Gujarāt überzusiedeln. Am westlichsten Punkt der Landzunge südlich des Golfs von Kutch errichteten sie ein vom Meer umspültes Fort, innerhalb dessen Mauern die Stadt Dvāraka entstand. (Bhāg-Pur 10,50)

Kṛṣṇa hatte eine Schwester namens Subhadrā, die als dritte Gattin mit dem Pāṇḍava-Prinzen Arjuna (»Der Weiße«) verheiratet war. Zwischen Kṛṣṇa und Arjuna entstand eine Freundschaft, ohne daß Arjuna wußte, daß sich in Kṛṣṇa der Gott Viṣṇu verkörperte. Durch seine Verschwägerung mit Arjuna wurde Kṛṣṇa in den Krieg hineingezogen, den die Pāṇḍavas gegen die Kauravas ausfochten. Als Lenker von Arjunas Kampfwagen zog Kṛṣṇa mit in die Schlacht.

Dies ist die Situation, die die Bhagavadgītā (Mbh 6,23–40) beschreibt. Arjuna auf seinem Streitwagen verzagt, weil er in der gegnerischen Kaurava-Armee Blutsverwandte erkannt hat. Da spricht sein Rosselenker Kṛṣṇa ihn an (46) und belehrt ihn über die Unsterblichkeit der Seele (ātman). Schließlich offenbart sich Kṛṣṇa als der Urgott Viṣṇu in irdischer Inkarnation. Philosophisch und religiös gestärkt, wirft sich Arjuna in die Schlacht. Sie endet mit dem Sieg der Pāṇḍavas; die Kauravas wurden vernichtet.

Den Untergang der Yādavas und den Tod des Kṛṣṇa schildert das Bhāgavatapurāṇa erstaunlich unheldenhaft.

46

Die Yādavas von Dvāraka machten eine Pilgerfahrt, auf der sie sich mit Wein betranken. Mit vernebelten Sinnen gerieten sie miteinander in einen Streit, in dem sie auch ihre Waffen einsetzten. Als sie auch Kṛṣṇa und Balarāma angriffen, mußten die Brüder sich wehren. Rücksichtslos erschlugen sie mit eisernen Keulen alle, die sich ihnen entgegenstellten.

Balarāma starb, während er am Ozean über die Einsheit von Individualseele (ātman) und Allseele (brahman) meditierte. Um ihn trauernd hatte sich Kṛṣṇa in seiner vierarmigen Erscheinungsform im Schatten eines Baumes niedergelassen. Während er dort saß, durchbohrte ihm der Pfeil eines Jägers den Fuß. Der Jäger war untröstlich, als er sah, daß er statt einer Gazelle einen Menschen, sogar einen vierarmigen Gott getroffen hatte. (Bhāg-Pur 11,30) Kṛṣṇa starb an der Wunde und verschwand von der Erde. Arjuna kam nach Dvāraka und vollzog für seinen Freund und Schwager das Totenritual. Wenig später wurde die Stadt Dvāraka vom Meer verschlungen. (Bhāg-Pur 11,31)

Viṣṇus Inkarnation als Buddha

Der Mann mit dem Ehrentitel eines Buddha, eines »Erwachten« oder »Erleuchteten«, ist eine historische Person. Die Hindu-Theologen erklärten ihn zu einer Teilinkarnation des Gottes Viṣṇu, um den Buddhismus als eigenständige Religion zu schwächen und seinen Missionserfolg zu bremsen: Viṣṇu sei in der Welt als der Irrlehrer (pāṣaṇḍa) Buddha erschienen, um die Menschen zu verwirren und eine falsche Religion zu verbreiten. (Bhāg-Pur 2,7) So habe er die guten Hindus von den schlechten gesondert: die guten blieben Hindus, die schlechten wurden Buddhisten.

Siddhārtha Gautama, dies der bürgerliche (Sanskrit-) Name des Buddha, war der Sohn eines Provinzgouverneurs im Königreich Kośala mit Residenz in Kapilavastu, einer Stadt nördlich der heutigen nepālisch-indischen Grenze. Ergriffen von der Sehnsucht nach Erkenntnis verließ er mit 29 Jahren seine Familie, um als bettelnder Wandermönch die Erleuchtung zu suchen. Das Studium bei zwei religiösen Lehrern und eine Zeit der Askese brachten kein Ergebnis. Schließlich begann er, Meditation zu betreiben. Im Alter von 35 Jahren erlebte er nahe der Stadt Gayā die Erleuchtung, die ihn zum Buddha machte.

Seine erste Lehrrede hielt er in der Nähe von Benares (Vārāṇasī). Kurz danach bildete sich ein buddhistischer Mönchsorden und eine Gemeinde von Laienbekennern. Den entscheidenden Durchbruch für die Ausbreitung der Lehre (dharma) brachte der Umstand, daß sich die bedeutendsten indischen Herrscher – der König von Magadha (südlich des Ganges-Stroms) und der König von Kośala (nördlich des Ganges) – als Laienanhänger zu der neuen Lehre bekannten. Mit beiden Machthabern war Gautama befreundet. 45 Jahre lang wanderte er in Nordindien predigend umher, von der Mehrheit der Bevölkerung hoch geachtet. Seine Lehre vom Leiden, seinem Ursprung, seiner Aufhebung und dem Wege zur Aufhebung ging jeden an, der sich über das Dasein Gedanken machte.

Der Buddha starb mit 80 Jahren bei dem Ort Kuśinagara (50 km östlich vom heutigen Gorakhpur). Geistesklar mit einer letzten Ermutigung an die Mönche, in der Bemühung um Erlösung nicht nachzulassen, schied er dahin. Die älteren Indologen datieren das Parinirvāṇa, das »totale Verlöschen« des Buddha, auf etwa 483 v. Chr. Jüngere Indologen glauben, das Ereignis rund hundert Jahre später ansetzen zu müssen.

Für den Brahmanismus, wie man die zur Buddhazeit bestehende Frühform des Hinduismus nennt, war die Lehre des Buddha zugleich eine Bereicherung und eine Gefahr. Bereichert wurde der Brahmanismus, weil er durch das Vorbild des Buddhismus genötigt war, gleichfalls eine Ethik zu formulieren, das Mitleid zu propagieren, tierisches Leben zu respektieren, eine philosophische Logik zu schaffen und Klosteruniversitäten nach dem Muster von Nālandā einzurichten. Als Vorbilder wirkten ferner die buddhistische Mönchs- und Nonnenpoesie, das buddhistische Drama und die vom Buddhismus entwickelten Formen in Architektur und Skulpturkunst. Ohne die mitreißende Konkurrenz des Buddhismus hätte der Hinduismus sich langsamer und vermutlich anders entwickelt.

Den Elementen, in denen der Hinduismus dem Buddhismus nacheiferte, stehen andere gegenüber, in denen die beiden Religionen unvereinbar sind. Die Hindus betrachten den Veda als unfehlbar und als die Grundlage allen religiösen Wissens; der Buddhismus mißt den Veden keine Bedeutung bei. Der Kern der hinduistischen Mystik ist die Überzeugung von der Ewigkeit der Individualseele

㊼

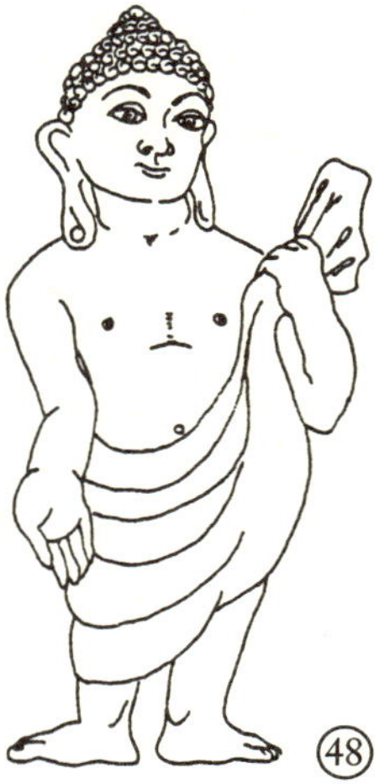

㊽

(ātman) und ihrer Identität mit der Weltseele (brahman); der Buddhismus bestreitet die Existenz einer den Tod überdauernden Seele und der Weltseele und sieht die Welt als leer oder (im Mahāyāna) als Leerheit an. Die Hindu-Mehrheit verehrt Viṣṇu und Śiva als Urgötter, die keinem Werden und Vergehen unterliegen; der Buddhismus betrachtet Götter als nebensächlich und glaubt, daß auch sie dem Sterben und dem Karma-Gesetz unterworfen sind. Kurzum: Den Hindus muß die Lehre des Buddha suspekt und der historische Buddha unlieb sein.

Das zeigt sich auch bei der künstlerischen Darstellung der neunten Inkarnation des Viṣṇu. Im Buddhismus ist der Buddha der erhabene »Lehrer für Götter und Menschen« und eine Gestalt von respekteinflößender Würde. ㊼ Als Viṣṇu-Inkarnation ist er ein Kobold, ㊽ der listig seine Irrlehre verbreitet. Verständlicherweise wird er von den Hindus selten abgebildet.

(49)

Die Aufnahme des Buddha als Inkarnation des Hindu-Gottes Viṣṇu im 5. Jahrhundert n. Chr. hat dem Buddhismus in Indien zwar geschadet, war aber für seine Vertreibung von dort nicht ausschlaggebend. Es war der Islam, der dem indischen Buddhismus im 12. Jahrhundert durch Zerstörung seiner Klöster und Bibliotheken das Ende bereitete. Nur der Umstand, daß die Lehre des Buddha zu jenem Zeitpunkt schon außerhalb Indiens und der Reichweite des Islam Fuß gefaßt hatte, rettete sie vor dem Untergang.

Viṣṇus Zukunftsinkarnation als Kalkin

Wenn am Ende des Kaliyuga die Lobpreisung des Viṣṇu (= Hari) verstummt ist und vedische Mantras nicht mehr zu hören sind, wenn Brahmanen, Krieger und Handeltreibende ungläubig wurden und die dienende Kaste der Śūdras die Könige stellt, dann wird der Gott Viṣṇu sich als

㊿

Kalkin inkarnieren. (Bhāg-Pur 2,7) In einer Brahmanenfamilie wird er in dem Ort Śāmbhala zur Welt kommen und unter dem Namen Kalkin berühmt werden. Ein blitzendes Schwert schwingend, reitet er auf einem Schimmel über die Welt, ㊾ um die Bösen zu bestrafen, falls nötig mit der Hilfe einer aus seinem Geiste entsprungenen Armee. Sobald dann alle Bösen ausgerottet und die Guten belohnt worden, alle karmischen Konten ausgeglichen sind, wird die Welt vergehen. Wenn sie nach geraumer Zeit wieder entsteht, bricht ein neues Kṛtāyuga an.

Manchmal wird Kalkin als Mensch mit Pferdekopf und vier Armen abgebildet. ㊿ Das untere Händepaar zeigt die Darlegungsgeste (vitarkamudrā) und das Schwert, das obere die Viṣṇu-Attribute Muschel(horn) und Diskus (oder Rad).

Der Name Kalkin dürfte sich von dem Wort karka, Schimmel, ableiten; r wird im Sanskrit oft gegen l ausgetauscht. Ein Karkin oder Kalkin ist jemand, der einen Schimmel reitet.

(51)

(52)

Lakṣmī, die Göttin der Schönheit, des Wohlstands und des Glücks

Die Göttin Lakṣmī, Viṣṇus Gemahlin, hat mehrere Namen, darunter »Die Schöne« (Śrī). Die verbreitetste Auffassung über ihren Ursprung ist, daß sie bei der Quirlung des Milchmeers in die Welt trat. Einer ihrer Beinamen ist daher »Die aus dem Ozean Geborene« (Jaladhijā). Als ihr Gemahl Viṣṇu sich in verschiedenen Erscheinungsformen auf der Welt verkörperte, nahm Lakṣmī, um ihrem Gatten nahe zu bleiben, die Gestalt seiner jeweiligen Partnerin an: Dem Zwerg (Vāmana) war sie die Padmā, dem Rāma mit der Axt die Dharaṇī, dem Rāma die treue Sītā und dem Kṛṣṇa die Hirtin Rādhā.
Lakṣmī wird sitzend oder stehend, zweiarmig (51) oder mit vier Armen (52) dargestellt. Ihr Lotossockel erinnert an

53

54

ihren Ursprung aus dem Milchozean. Als Attribute führt sie zwei rote Lotosblüten (padma). Die freien Hände der vierarmigen Form zeigen zumeist die Wunschgewährungsgeste (varadamudrā) und die Geste der Schutzverheißung (abhaya). Bei Bronzefiguren der Lakṣmī ist die rechte Hand so ausgestaltet, daß sie zwei echte Lotosblüten (53) halten kann, die von den Gläubigen durch frische Blüten ersetzt werden. Lakṣmī trägt meist ein Brustband und unterscheidet sich dadurch von der Pārvatī, die in gleicher Pose ohne Brustband dargestellt wird.

Manche Abbildungen der Lakṣmī machen deutlich, was die Göttin gewähren kann: Aus ihrer Hand regnen Geld und Reichtum. (54) Nicht verwunderlich also, daß sich in indischen Tempeln vor der Skulptur der Lakṣmī die Opfergaben häufen. Für die indischen Kaufleute ist Lakṣmī die Göttin guter Geschäfte.

Als Spenderin von Glück und Segen wird Lakṣmī als

(55)

(56)

über ihr aus; Wasser bedeutet Fruchtbarkeit und Leben. Viele ältere Häuser in Indien tragen ein Abbild der Elefanten-Lakṣmī über dem Türbalken. Dies drückt den Wunsch aus, daß Glück, Fruchtbarkeit und Fülle in das Haus einziehen mögen.

Keine religiöse Bedeutung kommt der »Lampen-Lakṣmī« (Dīpalakṣmī) zu, (56) die in dienender Pose eine Öllampe hält. Die Dīpalakṣmī ist lediglich ein als stehende Frau geformter Gebrauchsgegenstand. Manchmal wird sie dargestellt mit einem Papagei (śuka) auf der Schulter.

Śiva und seine Familie

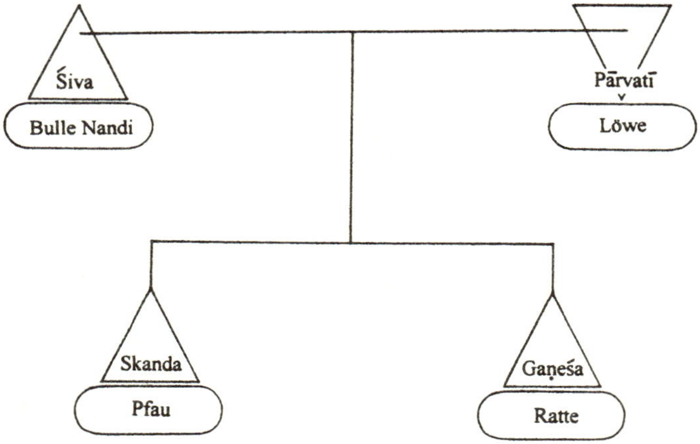

Śiva

Wie anders als Viṣṇu, der aus einem Gott der ständig wandernden indo-arischen Viehzüchter erwuchs, wieviel unheimlicher als er ist der Gott Śiva, der aus der Religion der ackerbauenden Ureinwohner Indiens hervorging! Strahlend durchmißt Viṣṇu auf dem Vogelmenschen Garuḍa gleich der Sonne den Raum. Śiva hingegen ist erdgebunden, sein Begleittier (vāhana) ist der erdschwere Stier Nandi – behäbig jetzt, aber kurz darauf zerstörerisch rasend. Von ähnlich unberechenbarer Doppelnatur ist Śiva selbst: Gütig und unheilvoll, meditativ und ekstatisch, ein Gott des Alls und doch mit einer Vorliebe für bestimmte irdische Stätten wie den Berg Kailāsa und die Stadt Vārāṇasī (Benares). Im Veda war sein Name Rudra, »Der Schreckliche«; als jedoch seine Anhängerschaft wuchs, hielten es die Gläubigen für klüger, ihn Śiva zu nennen, »Der Freundliche«, oder Śaṅkara, »Der Heilbringer« – ein Euphemismus, der den Zorn des Gottes verhindern soll. Klassifiziert man die drei Urgötter des Hinduismus nach den drei Grundeigenschaften (guṇa), die (gemäß der Sāṁkhyā-Philosophie) alles Dasein bestimmen und stets im Gleichgewicht sein sollten, dann ist Brahmā der intellektuell klaren (sattva) Grundstimmung zuzuordnen, Viṣṇu der aktivistischen (rajas) und Śiva der materiell-schweren (tamas). Das besagt nichts über die Philosophie der Śiva-Gläubigen (Śaivas), die der Vaiṣṇava-Intellektualität nicht nachsteht, aber stärker zu tantrischen Ideen und zum Śaktismus neigt.

Dem Liṅgapurāṇa zufolge besitzt Śiva 28 Erscheinungsformen, die jedoch nicht wie bei Viṣṇu als Inkarnationen (avatāra) bezeichnet werden und auch nicht zeitlich aufeinanderfolgen. Die Śaiva-Theologen ordnen die Erscheinungsformen des Gottes unter fünf Aspekten, nämlich Śiva als

1. der Große Herr der Welt (Maheśamūrti),
2. als der Gunsterweiser (Anugrahamūrti) für Menschen und Tiere,
3. der Asket (oder Yogin) auf der Bettelwanderschaft (Bhikṣāṭanamūrti),
4. als Tanzender (Nṛttamūrti) und
5. als der Zerstörer (Samhāramūrti).

Da in der Zerstörung der Welt die Chance ihrer Neuschöpfung liegt, ist Śiva als der Endzeitbringer zugleich der Vorbereiter einer neuen Welt. Er selbst überdauert den Weltuntergang und die Existenzpausen als »Śiva der Ewige« (Śadāśiva) und »Herr des Alls« (Viśvanātha).

Seine Standardform im freundlichen (saumya) Aspekt ist die als »(Śiva) neben dem Stier« (Vṛṣabhāntika). Sie zeigt

(57)

(58)

den Gott stehend und vierarmig, mit dem linken unteren Arm auf den (zumeist nicht mitdargestellten) Stier Nandi aufgestützt. (57) Die rechte untere Hand umschließt den (nicht mit abgebildeten) auf die Erde aufgesetzten Bogen (dhanu), die beiden oberen Hände halten die Kampfaxt (paraśu) und eine Gazelle (mṛga). Die letzteren Attribute kennzeichnen Śiva-Darstellungen aus Südindien (dakṣinamūrti). Der Legende nach wollten eifersüchtige Ṛṣis Śiva mit der Streitaxt erschlagen und ließen ihm, als dies mißlang, einen schwarzen Gazellenbock mit seinem spitzen Gehörn entgegenspringen. Śiva fing Axt und Gazelle ab und behielt sie als Symbole seiner Macht.

In ähnlicher Pose und mit den gleichen Emblemen findet Śiva Darstellung in Begleitung seiner Gemahlin Pārvatī (oder Umā). (58) Die Hochzeit des Paares ist ein beliebtes

(59)

Thema der indischen Kunst. Viṣṇu und Lakṣmī fungierten dabei als Trauzeugen, Brahmā als Zeremonialpriester. Unverkennbar ist die Ehe glücklich, denn oft werden Śiva und Pārvatī eng umschlungen und sich liebkosend dargestellt. (59) Der Gott hält rechts den Dreizack (triśūla), links vermutlich die Sanduhrtrommel (ḍamaru). Die Göttin hält einen Yakschweifwedel (cāmara). Śiva ist begleitet von seinem Stier Nandi, Pārvatī von ihrem Löwen. Die Begleittiere können auch allein stehen und symbolisieren dann die betreffende Gottheit. Jeder Śiva-Tempel ist schon von ferne zu identifizieren an einer Skulptur des liegenden Nandi, (60) die, dem Heiligtum zugewandt, vor dem Tempeleingang aufgestellt ist.
Häufig sind Bronzen, die das göttliche Ehepaar sitzend mit Śivas Sohn Skanda abbilden, der durch den Pfau als Begleittier gekennzeichnet ist. (61) Als diese Darstellungsweise in Südindien aufkam, war der zweite Sohn des Götterpaa-

⑥⓪

res, der elefantenköpfige Gaṇeśa, noch nicht als zur Śiva-Familie gehörig anerkannt und fehlt deshalb. Aus dem gleichen Grunde ist der Name solcher Darstellungen Somāskanda, d. h. »(Śiva) begleitet von Umā und Skanda«; Gaṇeśa bleibt ungenannt. Die Axt als Attribut des Śiva ist der Sanduhrtrommel (ḍamaru) gewichen. ⑥① Die vorderen Hände zeigen rechts die Schutzverheißungsgeste (abhayamudrā), die Finger der linken Hand sind zum Ring geschlossen, um eine Blüte aufzunehmen, die von Gläubigen dargebracht wird. Pārvatī hält die rechte Hand aufnahmebereit für eine Blüte; die linke weist in der Wunschgewährungsgeste (varadamudrā) nach unten.

Zu den Mythen, die die Überlegenheit des Śiva über Viṣṇu beweisen sollen, gehört die Erzählung, wie Śiva bei der Quirlung des Milchmeers die Welt rettete. Viṣṇus Weltschöpfung wäre nicht geglückt, hätte Śiva nicht das auf dem Milchmeer erschienene Gift Hālāhala (oder Kālakūṭa) geschluckt, das die junge Welt zu zersetzen drohte. Das grausige Gift färbte den Hals des »Großen Gottes« (Mahādeva) blau, woher Śivas Beiname »Blauhals« (Nīlakaṇṭha) stammt.

(61)

Ein weiterer Überlegenheitsmythos ist die Erzählung von der Entstehung des kosmischen Liṅgam, des Phallussymbols, das Śivas schwellende Schöpferkraft versinnbildlicht. In einer lange zurückliegenden Weltpause, so besagt der Mythos, als keine Erde existierte, ruhte Viṣṇu auf der Schlange »Endlos« (Ananta) im Ur-Ozean. Da nahte sich ihm der vierköpfige Gott Brahmā. Sofort entspann sich zwischen den beiden Göttern ein Disput, wer der ursprüngliche und größere von ihnen sei. Während die Argumente noch hin- und herflogen, stieg aus dem Ur-Ozean eine feurige Säule empor. Staunend und erschreckt beobachteten die beiden Götter die Erscheinung, die ins Ungeheure anwuchs. Brahmā schlug vor, die Ausdehnung des Phänomens zu erkunden. Er verwandelte sich in eine Gans (haṁsa), die hochflog, um das obere Ende der Feuersäule zu erreichen; Viṣṇu wurde zum Eber, nach anderer Fassung zur Schildkröte, die hinabtauchte, um das untere Ende zu finden. Als sie sich wieder trafen, mußten sie

62

gestehen, das Ende des Liṅgams nicht erreicht zu haben. Da brach die Phallussäule auf, der Urgott Śiva erschien in ihrer Seite und offenbarte sich den beiden Göttern als der »Herr des Alls« (Viśvanātha) und ihrer beider Ursprung.

Die altindische Kunst hat dies vielfach dargestellt. (62) Śiva erscheint im aufgebrochenen Liṅgam in vierarmiger Gestalt mit Dreizack und Axt. Während die rechte vordere Hand in der Ermutigungsgeste nach oben weisend erhoben ist, stützt sich die linke auf den (nicht dargestellten) Stier Nandi. Die beiden dem Śiva unterlegenen Götter Brahmā und Viṣṇu werden als auffliegende Gans und abtauchender Frosch (statt der Schildkröte) nur karikaturistisch angedeutet.

Eine moderne Zeichnung des »Aus dem Liṅgam hervorbrechenden (Śiva)« (Liṅgodbhavamūrti) zeigt den Gott als den »Großen Asketen« (Mahāyogin) mit dem Dritten Auge auf der Stirn, hochgesteckten Haarflechten und dem Halbmond im Haarschopf. (63) Als Bekleidung trägt er ein

(63)

Tigerfell, um den Hals eine Schlange. Die linke Hand hält den Dreizack, an dem die Sanduhrtrommel befestigt ist. Der Dreizack (triśūla) symbolisiert die Drei Grundqualitäten (guṅa) des Daseins und zugleich die Drei Zeiten, die Śiva beherrscht. Die sanduhrförmige kleine Doppeltrommel (ḍamaru), die mit ihren beiden Schnurklöppeln einen prasselnden Schlagwirbel erzeugen kann, versinnbildlicht den Ton, der das Weltall wachrüttelt, und ist zudem das Erkennungszeichen des hauslosen Wanderbettlers (bhikṣu) oder Yogin. Zu Seiten und Füßen des sich im Feuer-Liṅgam zeigenden Śiva stehen Brahmā und Viṣṇu in hieratischer, aber ehrfürchtiger Haltung.

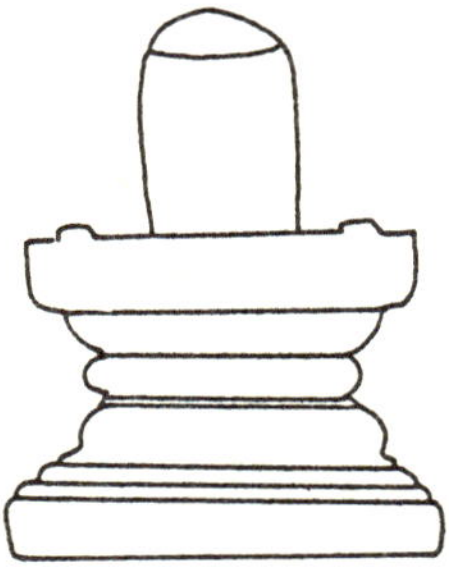

64

Obwohl der Hinduismus eine hochstehende Steinmetz- und Bronzekunst entwickelt hat, bildet nicht ein Standbild des Śiva, sondern ein künstlerisch anspruchsloses Śivaliṅgam das Zentrum und Allerheiligste eines jeden Śiva-Tempels. Es steht in einer schmucklosen, fast finsteren Cella und wird von den Gläubigen andächtig im Rechtskreis umwandelt. Meist handelt es sich bei dem Idol um eine glatte phallische Steinsäule auf einem Stufensockel. (64) Nur zuweilen weist das Liṅgam vier Gesichter auf (caturmukhaliṅgam), die es als Symbol des »Ewigen Śiva« (Sadāśiva) kennzeichnen, oder ist von einer Schlange umwunden, die Śivas Schöpferkraft versinnbildlicht. Der Sockel mancher Liṅgams ist zu einem weiblichen Genitale (yoni) ausgestaltet (65) und deutet als śaktistisches Symbol die

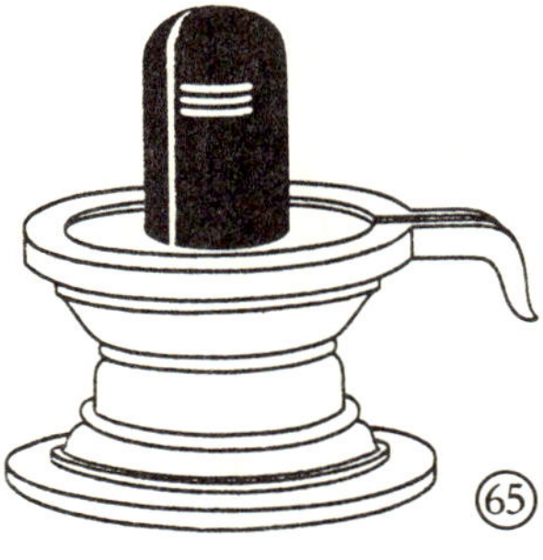

65

66

Polarität männlich und weiblich bzw. Śiva und Pārvatī an, ohne die kein Geschöpf und keine Schöpfung zustande kommt. Das Liṅgam ist die feste (dhruva) »Grundform« (mūlavigraha) des Śiva; alle anderen Erscheinungsformen sind beweglich (cala) und bloße »Darstellungen zur Erfreuung« (bhogamūrti) der Gläubigen.

Als Wohnsitz des Śiva und seiner Gemahlin Pārvatī gilt der westtibetische Himālayaberg Kailāsa, den noch kein Bergsteiger bestiegen hat. Die Höhlen des Himālaya sind zugleich der Ort, wo Śiva, »Der Herr der Berge« (Girīśa), halbnackt, den Körper mit weißer Asche beschmiert, als »Der Große Yogin« (Mahāyogin) in Askese (tapasvitā) lebt: den Rosenkranz (akṣamālā) durch die Hand gleiten läßt (66) oder sich, die Hände zur Meditationsgeste (dhyānamudrā) übereinandergelegt, der Versenkung widmet. (67) Alle Emotionen hat »Der Flechtenträger« (Jaṭādhara) »mit dem Mond im Haarschopf« (Candraśekhara) abgeworfen. Als der Liebesgott Kāma(deva) ihm einst ein Verlangen nach Pārvatī eingeben und seine Konzentration stören wollte, traf Śiva ihn mit einem feurigen Strahl aus

67

seinem dritten Auge und verbrannte den Plagegeist zu Asche. Seitdem ist der Liebesgott körperlos (anaṅga) – aber weiterhin aktiv. Śivas Bemühung, den Wesen auf der Erde durch seine Askese Weisheit und Seelenfrieden zu geben, hat gegen Kāmas süße Intrigen keinen leichten Stand.

Ein besonderer Dank der Hindus gebührt dem Śiva für seine Rolle beim Herabholen der Gaṅgā auf die Erde.

Sagara, ein König aus der Sonnendynastie von Ayodhyā, hatte 60 000 Söhne, die wegen ihrer Ungezogenheiten von dem Weisen Kapila durch einen Glutstrahl aus seinen Augen zu Asche verbrannt worden waren. Nur mit dem Wasser der als Milchstraße am Himmel fließenden Gaṅgā könnte das Totenritual für die Königssöhne vollzogen und ihre Seelen entsühnt werden, hatte Kapila einem Verwandten des Herrschers anvertraut. Es dauerte drei Generationen, bis in der Sonnendynastie jemand geboren wurde, der imstande war, die Gaṅgā vom Himmel herabzuholen.

Es war Bhagīratha. In vieljähriger Askese bei ständiger Konzentration auf die Göttin Gaṅgā sammelte er soviel

(68)

magische Glut (tapas) an, daß die Göttin vor ihm erschien. Sie warnte jedoch davor, sie auf die Erde zu holen: Ihre herabstürzenden Wassermassen würden die Erde zerschmettern. Allein Śiva sei in der Lage, die Wasser sanft aufzufangen; an ihn möge Bhagīratha sich wenden.

So geschah es. Tausend Jahre lang trieb Bhagīratha am heiligen Berg Kailāsa Askese, bis Śiva seine Hilfe zusagte. Als die Wassermassen der Gaṅgā vom Himmel herniederbrachen, bremste der große Gott den Aufprall mit seinem Haarschopf und ließ den Schwall über seine langen Flechten in sieben Strömen auf die Erde laufen. (68) Indien besitzt seitdem sieben heilige Flüsse. Der Gaṅgā-Hauptstrom, der bei Hardvār aus den Bergen in die Ebene tritt, sich bei Allāhabad mit der Yamunā vereinigt, bei Vārāṇasī (Benares) die Asche der Toten aufnimmt und, in mehrere Flüsse

69

aufgespalten, im Golf von Bengalen in den Indischen Ozean mündet – diese Gaṅgā ist der allerheiligste der heiligen Flüsse und führt den, der gläubig in sie eintaucht, zur Wiedergeburt im Himmel. In dieser Gaṅgā wurden die Seelen der 60000 Söhne des Königs Sagara entsühnt.

Als »Der große Asket« (Mahāyogin) ist Śiva ein statischer Gott, als »König des Tanzes« (Naṭarāja) zeigt er sich dynamisch. Er tanzt den Freudentanz (ānandatāṇḍava), der seine fünf Aktivitäten (pañcakriyā) darstellt: Schöpfung, Erhaltung, Zerstörung (oder: Rücknahme), Verhüllung (des Absoluten in den Erscheinungen) und Gunsterweisung. Der »Herr des Tanzes« (Nateśvara) ist vierarmig. (69) Mit dem rechten Fuß tritt er den bösen zwergenhaften Dämon Apasmāra (»Unwissenheit«) zu Boden, dem die Bronzen stets einen dummdreisten Gesichtsausdruck geben. Umschlossen ist der tanzende Śiva von einer Flammenaureole, die zugleich das Wesen des Śiva beschreibt, der oft mit dem Feuer(gott) Agni identifiziert wird.

Nichts an der Darstellung des Naṭarāja ist ohne Bedeutung. Die fliegenden Haarflechten deuten seine wilde Tanzbewegung an. Links im Haar ist die für Śiva typische Mondsichel erkennbar, rechts im Haar die winzige herabschwebende Göttin Gaṅgā. Śivas obere Hände halten rechts die Sanduhrtrommel, die den Rhythmus der Schöpfung und des Tanzes versinnbildlicht, links die Flamme, die ihn als den Weltzerstörer kennzeichnet. Das untere Händepaar ist zu einer Doppelgeste kombiniert. Sie besagt: »(rechts:) Fürchtet euch nicht, (links:) denn ich, Śiva, bin hier.« Śiva-Naṭarāja wird vor allem im Tempel von Cidambaram (Tamilnāḍu) verehrt.

Zu den furchtbaren (ugra) oder grausigen (raudra) Erscheinungsformen des Śiva gehört sein Auftreten als »Vernichter des Elefantendämons« (Gajāsura saṃhāramūrti). Als einst ein rasender Elefant die um Śivas Liṅgamsymbol versammelten Brahmanen in der Andacht störte, brach Śiva aus dem Steinphallus hervor, tötete den Elefantendämon und hängte sich seine Lederhaut als Mantel um. Eine andere Version des Mythos erzählt von einem Tanzwettbewerb zwischen Naṭeśvara-Śiva, bei dem Śiva das Riesentier derart erschöpfte, daß es tot umfiel. Beim Siegestanz steht der Gott auf dem Kopf des toten Tieres und spreizt die Haut des Elefanten mit dem oberen Händepaar hinter sich. (70) Seine weiteren sechs Hände halten (im Uhrzeigersinn) Dreizack, Sanduhrtrommel, Keule (gadā); Stachelstock (aṅkuśa), Stoßzahn (danta) und Bettelschale (kapāla). Die Attribute sind anscheinend nicht ikonographisch festgelegt, denn sie variieren von Darstellung zu Darstellung.

Schon im Veda, Indiens ältestem heiligen Buch, wird Śiva unter dem Namen Rudra charakterisiert als angsteinflößender Bogenschütze, der Naturkatastrophen und Seuchen senden kann. Seine Pfeile, Boten des Endes, bringen

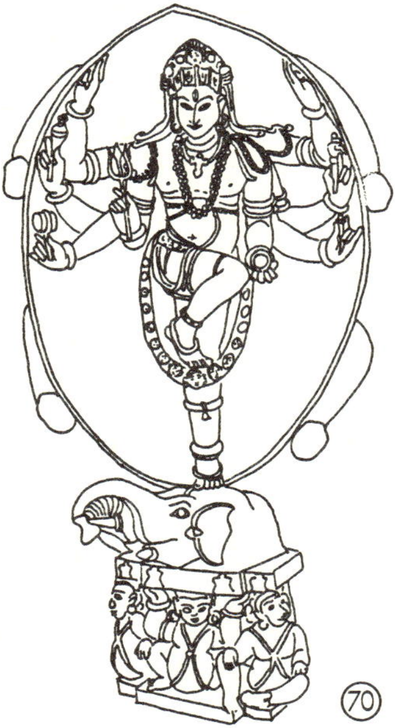

70

Fieber, Husten und Tod, aber zugleich ist Rudra der Herr der Heilmittel. Häufig wird er im Veda mit dem Feuergott Agni identifiziert. Wenn Agni die Opfergaben der Frommen in der Form von Rauch zu den Göttern trägt, ist er der Opferpriester und Vermittler zwischen Menschen und Göttern. Wenn er auf den Einäscherungsstätten als die Flamme des Scheiterhaufens die Leiber der Toten verzehrt, ist er der Vernichter. Es lag nahe, in dem aus Rudra-Agni hervorgegangenen Gott Śiva den Endzeitbringer und Weltzerstörer zu sehen.

Als solcher trägt Śiva den Namen »Der Ergreifer« (Hara) oder »Der Wegraffer aller Wesen« (Sarvabhūtahara). Das klingt grausam, hat aber auch eine positive Seite. Das Ende, das Śiva herbeiführt, ist auch das Ende

(71)

des Saṃsāra und der karmischen Gebundenheit. Für die Wesen ist es daher das Ende der Wiedergeburt.

Freilich ist die Vernichtung der Welt nicht für ewig, sondern leitet nur eine Daseinspause ein. Als »Die allmächtige Zeit« (Mahākāla) ist Śiva Meister der Vergangenheit, Gegenwart und Zukunft. Will er Herr aller drei Zeiten bleiben, darf er die Zukunft nicht verhindern.

Śiva ist der Herr der Zeit, Viṣṇu der Herr des Raums. In der Zeit existiert nichts, wenn es nicht räumliche Ausdehnung hat; im Raum existiert nichts, wenn es nicht zeitliche Dauer besitzt. Mochten Śiva- und Viṣṇu-Anhänger im Wettstreit stehen, um ihren eigenen Gott als den größeren darzustellen – es gab auch Bekenner, die die wechselseitige Abhängigkeit und innere Einheit von Śiva und Viṣṇu erkannten. Bei dem Versuch, dies in der Kunst auszudrükken, schufen sie im 9. Jahrhundert den Doppelgott Hari-Hara (71): Zur Linken Viṣṇu (Hari) mit seinen Attributen Diskus und Muschelhorn, zur Rechten Śiva (Hara) mit Dreizack und der anderen Hand in Ermutigungsgeste.

72

73

Vom Scheitel herab über den Nasenrücken verläuft durch den Gott eine Trennlinie. So auch in der Kleidung: links trägt er den Schmuck und die Gewänder des Viṣṇu, rechts die Asketentracht des Śiva. Der Versuch, die beiden Götter in der Gestalt des Hari-Hara zu verschmelzen, war jedoch erfolglos; Śaivismus und Vaiṣṇavismus blieben konkurrierende Glaubensrichtungen.

Fünf Jahrhunderte vor der Schöpfung des Hari-Hara war schon einmal versucht worden, Śiva mit seinem Gegenpol künstlerisch zu kombinieren, nämlich mit seiner Gemahlin Pārvatī. Die zweigeschlechtige Gottheit war angeregt worden durch den etwa im 4. Jahrhundert in Indien einsetzenden Śaktismus, der der männlichen Zeugungskraft die weibliche Potenz (śakti) gleichwertig zur Seite stellt und betont, daß das männliche Element allein machtlos sei: Erst die Pārvatī mache den Leichnam (śava)

(74)

(75)

zum Gott Śiva. Als »Der Herr, der halb Frau ist« (Ardhanarīśvara), (72) ist Śiva links die Göttin Pārvatī, rechts er selbst. Manche Bronzen bilden den Ardhanarīśvara dreiarmig ab. (73) Die weibliche Seite hält einen (nicht dargestellten) Spiegel, in dem sie sich betrachtet; die männliche Seite stützt sich mit dem Ellbogen auf den (unsichtbaren) Stier Nandi, die zweite Hand hält die Axt (paraśu). Darstellungen des Ardhanarīśvara finden sich ausschließlich in śaktistischen und tantrischen Tempeln.

Pārvatī, die Weltmutter

Pārvatī ist die anmutige Tochter des Himavān (= Himālaya) und der Bergnymphe Menā. Dies erklärt ihren Namen, denn Pārvatī heißt »Die Tochter der Berge«. In feierlicher Zeremonie, bei der Brahmā als Priester das Ritual vollzog, wurde sie Śivas Gemahlin.

⑯

Die Göttin wird stehend ⑭ oder sitzend ⑮ dargestellt. Ihr Kennzeichen ist ein noch geschlossener Lotos in ihrer rechten Hand. Bei vielen Tempelbronzen sind die Finger der Rechten zu einem Ring geschlossen, so daß sie einen echten Lotos halten können. Die Tempelbesucher sorgen dafür, daß die schnell verwelkende Blüte immer wieder durch eine frische ersetzt wird. Von der Göttin Lakṣmī, die in gleicher Haltung dargestellt wird, ist Pārvatī durch das Fehlen des Brustbandes unterschieden. Auf Malereien wird sie dunkelhäutig abgebildet.

Pārvatī ist die »Weltmutter« (Jagadmātṛ, Ambā), die Leben schenken, aber auch verweigern oder zerstören kann. Im Śaktismus gilt sie als die Potenz (śakti) des Śiva, der ohne sie nichts vermag, denn das männliche Prinzip ist passiv und statisch, das weibliche aktiv und dynamisch. Nur im Zusammenspiel von männlich und weiblich ist die Natur lebendig.

Zahlreich in der indischen Kunst sind die Darstellungen, die Pārvatī mit ihrem Gatten Hand in Hand oder in Lieb-

⑦⑦

kosung wiedergeben, manchmal sitzt die Göttin dabei auf dem linken Knie des Gottes. Bei dieser Abbildungsweise trägt die schöne Göttin den Namen Umā, »Die Glänzende«. Ihr Begleittier ist der Löwe (siṃha).

Sechs, acht oder zehn Arme besitzt Pārvatī in ihrer Erscheinungsform als Durgā, »Die schwer Zugängliche« oder »Die schwer Besiegbare«. Sie reitet entweder den Löwen ⑦⑥ oder den Tiger ⑦⑦. Als Gattin des Śiva hält sie in der Hand dessen Attribute Dreizack, Bogen, Schwert und (oft) Schlange, daneben aber auch Embleme, die dem Viṣṇu zugehören, wie Diskus, Keule und Muschelhorn. Die indischen Bücher erklären, Durgā sei eine Schwester des Viṣṇu und dieser habe ihr seine Waffen geliehen, um sie für den Kampf gegen den Büffeldämon Mahiṣa besser zu rüsten.

Einst, so geht der Mythos, tyrannisierte ein Dämon (asura) in Gestalt eines Büffels (mahiṣa) die Welt und hinderte die Brahmanen daran, den Göttern Opfer darzubringen. Da niemand sonst ihn besiegen könne, baten die Götter die Durgā, den Dämon zu töten. Gerüstet mit den Waffen Śivas und Viṣṇus ritt die Göttin auf ihrem Löwen dem Ungeheuer entgegen. Neun Tage dauerte der Kampf.

78

Am zehnten Tage gelang es der Durgā, dem Büffel mit dem Schwert den Kopf abzuschlagen. Das tötete den Dämon keineswegs. In menschenähnlicher Gestalt schlüpfte er aus dem blutigen offenen Hals des Büffels und versuchte zu entkommen. Durgā jedoch packte ihn am Haar und stieß ihm den tödlichen Dreizack in die Brust. (78) Der Sieg der Göttin über den Dämon wird in Indien, zumal in Bengalen, alljährlich im September/Oktober als Durgāpūjā gefeiert. Am zehnten Tage des ausgedehnten Festes, dem Siegestage (vijayadaśamī) über den Büffeldämon, opfert man der Göttin als der »Zermalmerin des Mahiṣa-Dämons« (Mahiṣamardinī) vor ihrem Standbild junge Büffel. Sie werden mit einem Schwertschlag geköpft.

Ihren grausigen Aspekt offenbart Pārvatī, wenn sie auftritt als die Göttin Kālī, »Die Schwarze«, oder, nach anderer Übersetzung, »Die Herrin der Zeit«. Ihr hauptsächlicher Verehrungsort ist Kalkutta, die Stadt, die nach der

79

Uferstelle am Kālī-Tempel (Skt: Kālīghaṭṭa, Hindī: Kālīghāṭ) benannt ist. Der Hooghly-Fluß, an dem Kalkutta liegt, ist einer der Mündungsarme des Ganges. Das Bad in seinem Wasser gilt deshalb als rituell reinigend.

Die Kālī besitzt vier Arme. Ihre Hände zeigen (in Uhrzeigerrichtung) die Geste der Ermutigung (abhayamudrā) und halten die śivaitischen Attribute Dreizack (in stilisierter Form), Fangschlinge (in Gestalt einer Kobra) und Almosen- oder Blutschale. Durch ihre Reißzähne, ihre Flammenaureole und ihren Gesichtsausdruck (79) flößt sie Angst ein. In der Tat ist sie die Göttin, die auf den flammenden Scheiterhaufen der Einäscherungsplätze zu Hause ist und Pocken und Cholera aussendet, wenn man sie nicht durch Opfergaben beschwichtigt. Die indischen Mütter werfen sich ihr zu Füßen, um Verschonung ihrer Kinder zu erbitten. Als Pockengöttin heißt Kālī auch Śītalā, »Die Kalte«. Im alten Indien wurden der Kālī Menschenopfer dargebracht, heute gibt sie sich mit jungen Ziegenböcken zufrieden. Der mit einem Schwerthieb abgeschlagene Ziegenkopf wird vor dem Idol der Göttin abgelegt. Den Ziegenrumpf, vor dem Kālī-Tempel von Berufsfleischern

80

abgehäutet und zerteilt, nehmen die Opfernden mit nach Hause. Das, »was die Göttin übriggelassen hat«, dient ihrer Familie zur Speise.

Die Volkskunst Bengalens hat die Kālī zu einer plakativen Maske reduziert. (80) Das übergroße, breite Gesicht der Göttin ist schwarz (kāla) oder dunkel (śyāma), ihre Augen sind fischförmig und aufgerissen, ein drittes, kleineres Auge befindet sich auf der Stirn. Die rote Zunge ist weit herausgestreckt und deutet den Blutdurst der Göttin an. Die rechten Hände machen die Ermutigungs- und Wunschgewährungsgeste, die linken Hände halten das Opferschwert (churī) und einen abgeschlagenen Dämonenkopf (rākṣasamuṇḍa).

Die śaktistische Vorstellung, daß Śiva ohne seinen weiblichen Gegenpol Pārvatī = Kālī machtlos sei, kommt zum Ausdruck in der Darstellung der Kālī auf der Leichenstätte. (81) Mit Hauerzähnen, bleckender Zunge, behängt mit einer Girlande von Köpfen, gekleidet in einen Rock aus abgeschlagenen Händen, den Rücken bedeckt von ihrem schwarzen Haar, steht Kālī als junge Frau auf einem ausgestreckt liegenden Asketen, der durch die Schlange und das dritte Auge als Śiva definiert ist. Indem die Göttin den Leichnam (śava) mit ihrer Kraft (śakti) beseelt, macht sie

81

ihn zum Śiva. Die Darstellung drückt die Doppelnatur der Kālī aus, die als Weltmutter und weibliche Potenz Leben schenkt wie auch durch Krankheit und Alter hinwegrafft. Sie ist anziehend und erschreckend zugleich.

Begleitet wird die Kālī von einem Hund (śvan), Wolf (vṛka) oder Schakal (śṛgāla) – alles Tiere, die gleich der Kālī auf den Leichenstätten wohnen.

Lehmskulpturen der grausigen Kālī auf der Leichenstätte werden in Bengalen für die jährliche Kālīpūjā (Okt./Nov.) hergestellt, einige Tage mit Opfergaben und Räucherwerk verehrt und am Ende des Festes mit Musik und Getrommel zeremoniell im Hooghly-Fluß versenkt: Die Weltmutter hat sich den Gläubigen gezeigt und kehrt in die Natur zurück. Außerhalb Bengalens im übrigen Indien wird zur gleichen Zeit Dīvālī gefeiert.

(82)

(83)

Śivas Sohn Skanda, Gott des Krieges und Beschützer kranker Kinder

Skanda, »Der Sprungkämpfer«, wenn nicht »Der Bespringer«, ist ein drahtiger junger Krieger mit einer Lanze (śakti) und das Urbild jugendlich-männlicher Kraft. (82) Seiner Statur wegen wird er oft als »Der junge Mann« (Kumāra) bezeichnet. In Südindien heißt er Subrahmaṇya, »Der Brahmanenfreund«. Sein Begleit- und Reittier ist der Pfau (mayūra). (83)

Skanda ist der »General der Götterarmee« (devasenāpati) in ihrem Kampf gegen die Dämonen. Außerdem ist er der Beschützer kranker Kinder, denn er kann die Dämonen besiegen, die die Kinder mit Krankheit befallen. Dabei hilft ihm sein Pfau Paravāṇi, »Dessen Stimme weit trägt«. Der Pfau ist als Schlangenfeind ein Gegner dunkler

Mächte. Da man ihm in Indien nachsagt, er sei unempfindlich gegen Gifte, symbolisiert er Langlebigkeit. Skandas Zuständigkeiten machen es verständlich, daß es meist Mütter sind, die ihn anrufen.

Zur Entstehung des Gottes ist der folgende Mythos überliefert: Der Dämon Tāraka hatte lange Zeit Askese betrieben. Der Gott Brahmā hatte ihm dafür zugesichert, daß er nur durch einen Jüngling ums Leben gebracht werden könne. Übermütig ob dieser Zusage hatte Tāraka begonnen, sich die Welt zu unterwerfen. Schließlich wurde Śiva zur Hilfe gerufen.

Der Gott befand sich gerade in der Hochzeitskopulation mit seiner jungen Gemahlin Pārvatī. Er brach den Akt ab und ließ seinen Samen ins Feuer laufen. Das Feuer konnte die Schwangerschaft jedoch nicht tragen und gab sie an die Flußgöttin Gaṅgā ab. Auch die Göttin indes war zum Austragen der Frucht außerstande; auf Anraten Brahmās deponierte sie den Embryo zwischen Schilfgräsern am Berge Udaya (Sonnenaufgang). Hier kam Skanda zur Welt und wurde von den sechs Kṛttika-Sternnymphen (Plejaden) genährt. Er hat deshalb manchmal sechs Köpfe und trägt den von den Kṛttikas abgeleiteten Beinamen Kārttikeya.

Kaum hatten die Götter den jungen Skanda zum General ihrer Armee ernannt, zog er gegen die Dämonen zu Felde. In einer fürchterlichen Schlacht trug das von Skanda geführte Götterheer den Sieg davon. Tāraka und viele andere Dämonen wurden getötet.

Pārvatī, Śivas Gemahlin, hatte Skanda schon beim ersten Sehen ins Herz geschlossen und betrachtete ihn als ihren eigenen Sohn. Viele Bronzen stellen Śiva und Umā (= Pārvatī) mit Skanda als Gruppe dar und zeigen damit, daß die drei trotz der Geburtsumstände des Skanda eine Familie bilden. Erst später wurde auch Gaṇeśa als Mitglied der Śiva-Familie anerkannt und in der Kunst neben Śiva, Pārvatī und Skanda dargestellt.

(84)

Pārvatīs Sohn Gaṇeśa, der Gott des Anfangs und des Gelingens

Wie Skanda strenggenommen nur Śivas Sohn, so ist der elefantenköpfige Gaṇeśa der Sohn nur der Pārvatī. Sie habe ihn aus dem Schorf ihres Körpers mit Salben, Ölen und Gangeswasser modelliert, so heißt es, um sich einen Türwächter vor dem Baderaum zu schaffen. Damals hatte Gaṇeśa einen normalen Menschenkopf. Zum Kopf eines Elefanten kam er durch den Zorn des Śiva. Als er diesem einmal den Weg zu seiner Gattin verstellte, weil sie gerade badete, sei der große Gott so in Zorn geraten, daß er dem Gaṇeśa mit dem Schwert den Kopf abschlug. Pārvatī war außer sich und flehte Śiva an, Gaṇeśa wieder zum Leben zu erwecken. Śiva versprach darauf, ihn mit dem Kopf des ersten vorbeikommenden Lebewesens auszustatten und ins Dasein zurückzurufen. Das erste Wesen war ein Elefant. Durch die Wiederbelebung ist Gaṇeśa auch Śivas Sohn geworden und wird von ihm anerkannt.

(85)

Gaṇeśa oder Gaṇapati ist ein dickbäuchiger, gedrungener Mann mit einem Elefantenkopf, dessen einer Stoßzahn abgebrochen ist. (84) Er hat zwei oder vier Hände: Die rechten halten den abgebrochenen Stoßzahn (danta) und den Stachelstock (aṅkuśa), wie er zum Lenken des Elefanten verwendet wird, die linken tragen die (stilisierte) Schlinge (pāśa) und eine Frucht (phala), manchmal einen Reiskloß (piṇḍa), denn Gaṇeśa ißt und nascht gern. Begleitet ist der Gott von einer Feldratte (ākhu).

Die Kunst Indiens stellt Gaṇeśa stehend, tanzend und sitzend dar. (85) Oft reitet er auf seiner Ratte, die zuweilen den Rosenkranz (akṣamālā) im Maul hält. Seine Farbe auf Malereien ist gelb oder fleischfarben.

Historisch scheint Gaṇeśa aus einem Naturgeist (yakṣa) hervorgegangen zu sein, wie sie für die Fruchtbarkeit der Felder zuständig sind. Die Yakṣas werden als rundbäuchige Gnome vorgestellt und hüten die im Boden verborgenen Schätze einschließlich der Ernte. Manche Attribute Gaṇeśas lassen sich als landwirtschaftliche Geräte deuten: Der Stachelstock könnte ein Hakenpflug sein, die Schlinge dient zum Binden der Garben. Nach seiner Aufnahme in die Śiva-Familie wurde Gaṇeśa zum »Gebieter der Scharen« (gaṇa-īśa) ernannt, nämlich der untergeordneten

(86)

Gottheiten im Kreise um Śiva. Im 5. Jahrhundert n. Chr. wurde er ein Thema der bildenden Kunst. Zeitlich ist er der letzte Gott, der ins Hindu-Pantheon aufgenommen wurde.

Gaṇeśas freundliches Wesen und sein Zuständigkeitsbereich machen ihn dem Hindu ungemein lieb. Er ist nicht nur der Gott der Intelligenz und Weisheit, sondern auch »Der (Herr), der die Hindernisse beseitigt« (Vighnāntaka) und den Anfang ermöglicht. Vor jedem physischen und geistigen Unternehmen wird er angerufen: »Oṁ, Gaṇeśāya namaḥ! Oṁ, Ehre dem Gaṇeśa!« Ob man eine Reise antritt oder eine Maschine in Gang setzt, ob man ein Buch zu schreiben beginnt oder sich einem Examen zu stellen hat, ob man ein geschäftliches Projekt anpackt oder vor Gericht obsiegen will – stets ist es ratsam, dem Gaṇeśa einen Reiskloß, eine Blüte, ein Räucherstäbchen und ein Gedenken darzubringen, damit er die Hindernisse niedertrampelt oder mit seiner breiten Elefantenstirn beiseite schiebt: Falls er nicht seine findige Ratte ein Schlupfloch suchen läßt. Auch bei Hochzeiten wird er angerufen, denn die Ehe ist ein neuer Anfang und soll von Glück gesegnet sein. Auf den meisten Einladungen zu einer Hindu-Hochzeit ist als kleines Emblem Gaṇeśa zu sehen. (86) Gelegentlich ist der Stachelstock durch eine Axt, die Schlinge durch einen Lotos ersetzt, überhaupt sind ikonographische Varianten häufig. An seinem Elefantenkopf ist der Gott in jedem Falle zu erkennen, so daß seine Attribute für die Identifizierung weniger wichtig sind.

(87)

Da Gaṇeśa am Anfang jeglichen Unternehmens steht, ist es folgerichtig, daß er morgens verehrt wird, wenn der Tag beginnt. Die günstigsten Minuten sind die, wenn die Sonne sich hochschiebt über den östlichen Horizont.

Mancherlei Volkserzählungen ranken sich um den freundlich-pfiffigen Gott. Den Stoßzahn soll er sich abgebrochen haben, um ihn auf den Mond zu schleudern, der über seinen Bauch gelacht hatte. Nach anderer Version büßte er den Zahn ein, als er dem Paraśurāma am Kailāsa-Berge den Zutritt zu dem schlafenden Śiva verwehrte. Paraśurāma schleuderte seine Axt auf den pflichtbewußten Türhüter, die ihm den Zahn abbrach. Einer dritten Geschichte zufolge benutzte Gaṇeśa den Stoßzahn als Griffel, um das Epos Mahābhārata niederzuschreiben, das der Weise Vyāsa ihm drei Jahre lang diktierte. (87) Gaṇeśa und Vyāsa hatten ein kluges Abkommen getroffen: Vyāsa durfte beim Diktat niemals ins Stammeln geraten und Gaṇeśa nichts niederschreiben, was seinem Verstand nicht einging.

Um zu entscheiden, wer zuerst heiraten dürfe, veranstaltete Śiva zwischen Skanda und Gaṇeśa einen Wettbewerb. Sieger sollte sein, wer als schnellster die Welt umrundete. Skanda auf seinem Pfau umkreiste die Erde in nur einem Tag. Gaṇeśa auf seiner Ratte umwanderte Śiva und Pārvatī in wenigen Sekunden. Damit war er der Sieger, denn in Śiva und Pārvatī ist nach Hindu-Vorstellung die ganze Welt beschlossen.

Schwerpunkte des Gaṇeśa-Kultes sind Südindien und der Unionsstaat Mahārāṣtra mit der Hauptstadt Bombay. Im August/September jeden Jahres feiert man dort das Gaṇeśa- oder Gaṇapati-Fest, bei dem große, aus Lehm geformte Gaṇeśa-Idole mit Kokosnüssen, Bananen und Süßigkeiten symbolisch gespeist und mit Musik verehrt werden. Zu Ende des Festes trägt man sie feierlich zum Meer oder einem Fluß und versenkt sie. Das gleiche geschieht mit den kleinen Gaṇeśa-Figuren, die das Jahr über im Hause gestanden haben, meist auf einem Sockel über dem Türbalken oder in der Zimmerecke. Die aus der Erde gekommene Gestalt kehrt in den Naturhaushalt zurück.

Die gedrungene Gestalt des sitzenden Gaṇeśa veranlaßt moderne indische Künstler immer wieder, für den elefantenköpfigen Gott eine auf die Grundformen reduzierte und geschlossene Form zu suchen – das einzige Stilexperiment, das die religiöse Kunst Indiens zuläßt. Die indische Computerindustrie gedenkt des freundlichen Gottes auf ihre eigene Weise. Auf einer Messe in Bombay lieferte ein Schreibcomputer als Typenmuster für die indische Devanāgarī-Schrift die Sanskrit-Worte:

श्रीगणेशाय नमः। श्रीगणेशाय नमः। श्रीगणेशाय नमः।

Ehre dem edlen Gaṇeśa. Ehre dem edlen Gaṇeśa. Ehre dem edlen Gaṇeśa.

Seelensucher gegen Seelenleugner – Die Wiedergeburtslehren der indischen Religionen

Der Seelenglaube im Hinduismus

Neun Jahrhunderte lang hatten die Inder die vedischen Götter durch Hymnengesänge und Opfer verehrt, damit sie die kosmische Harmonie (ṛta) bewahrten: die Sonne auf- und untergehen machten und die Jahreszeiten sich abwechseln ließen. Im 7. Jahrhundert v. Chr. verloren die Götter diese Funktion. Mit den Upaniṣaden und dem Aufblühen philosophischen Denkens in Indien setzte sich die Überzeugung durch, daß die Natur und die Wesen Gesetzen unterliegen, die mechanisch ablaufen und keiner Regulierung durch die Götter bedürfen.

Andeutungsweise zuerst, dann immer klarer bricht sich der Gedanke Bahn, daß mit dem Tod nicht alles zu Ende sei, sondern daß die Wesen ihr Sterben überleben. Die vielleicht früheste Beschreibung dieses Überlebens findet sich in der Bṛhadāraṇyaka-Upaniṣad:

> Wenn dieser (Körper) in Schwäche verfällt, sei es durch Altern oder Krankheit, und sich wie ein Mango oder eine Feige oder die Frucht des Pippal-Baums vom Stiele löst, genau so befreit sich die Person (puruṣa) von diesen Gliedern und kehrt zu dem Ort zurück, von wo sie gekommen ist. (BāU 4,3,36)

Andere Abschnitte desselben Textes entwickeln den Gedanken weiter. Nicht zu dem Ort, von wo er gekommen ist, kehrt der Verstorbene zurück, sondern er geht in einen neuen Körper ein:

> Wie ein Goldschmied, nachdem er ein Stück Gold genommen hat, es in eine andere, neuere und schönere Form aushämmert, so schafft sich die Seele, wenn sie den Körper abgelegt und die Unwissenheit vertrieben hat, eine andere, neuere und schönere Form. . . .
>
> (BāU 4,4,3–4)

Gilt es im indischen Denken als Naturgesetz, daß man wiedergeboren wird, so bestimmt sich auch durch Naturgesetz, in welcher Gestalt und in welchem Milieu man wiederersteht. Hier regiert das Karman, das Gesetz der Rückwirkung der Taten (karman) auf den Täter. Wieder die Bṛhadāraṇyaka-Upaniṣad:

> . . . Je nachdem, wie einer handelt und wie er wandelt, danach wird er wiedergeboren. Wer Gutes tat, wird gut (wieder)geboren, wer Böses tat, wird schlecht (wieder-)geboren. (BāU 4,4,5)

Jeder hat seine gegenwärtige Daseinsform durch sein Tun in der Vorexistenz selbst geschaffen, jeder kann durch sein jetziges Tun seine Zukunft gestalten. Gute Taten führen im Wiedergeburtskreislauf (saṃsāra) zu besserer Daseinsform und höherem sozialen Stand, schlechte Taten führen nach unten. Keinem geschieht Unrecht.

Von Beginn an unterstellen die indischen Texte, daß die Wiedergeburt sich nicht auf die Menschenwelt beschränkt; man kann auch als Tier, ja auch als ein Gott (deva) wiedergeboren werden. In keiner Daseinsform jedoch ist der Verbleib ewig. Auch Götter sind nicht erlöst. Wenn das Karman, das jemanden zu einem Gott gemacht hatte, aufgezehrt ist, hat er aus dem Götterdasein abzutreten in die Existenzform, die er sich durch sein Tun in der abgelebten Götterexistenz verdient hat:

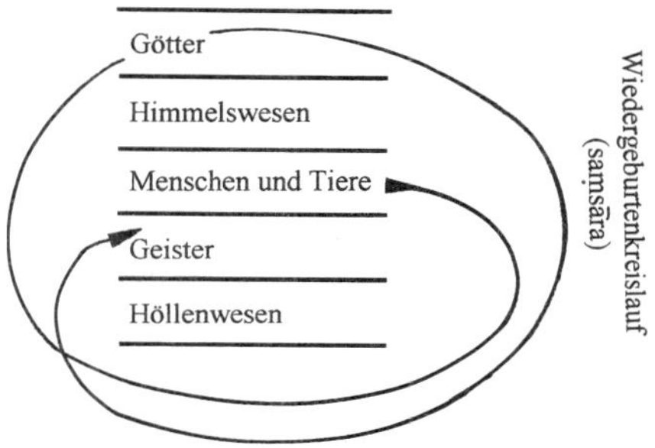

Nirgendwo im Kreislauf der Wiedergeburt gibt es Ruhe und Erlösung.

Anders als die Orphiker, als Platon und die Pythagoreer, die die Wiedergeburt als neue Chance bewerteten und aus ihr Hoffnung schöpften – anders als jenen Griechen ist den Indern die Wiedergeburt ein Greuel. Die Vorstellung, immer wieder die Mühsal des Broterwerbs auf sich nehmen zu müssen, der Krankheit, dem Verfall, dem Tod und der Wiedergeburt ausgesetzt zu sein, ist ihnen entsetzlich. Vom Zwang zur Wiedergeburt erlöst zu werden gilt deshalb allen indischen Religionen als höchstes Ziel.

Die hinduistische Auffassung der Wiedergeburt erfordert es, bei der empirischen Person den sterblichen Leib von dem zu unterscheiden, was den Tod überdauert. Was ist es, das den Körper überlebt? Was bildet das Identitätsband in dem wiedergeburtlichen Kreislauf eines Wesens? Auch auf diese Frage geben die Upaniṣaden die Antwort: Es ist der individuelle Ātman, das Selbst oder die Seele, die sich immer neue Verkörperungen beilegt.

> ... Die Seele (ātman) ... ist unfaßbar, denn sie wird nicht erfaßt; unzerstörbar, denn sie ist nicht zu vernichten; unanhaftbar, denn an ihr haftet nichts; sie ist ungefesselt und unverletzlich. ... (BāU 4,4,22)

> Fürwahr, diese große Seele ist ungeboren (da sie von jeher existiert); nicht altert und stirbt sie. Sie ist unsterblich und ohne Furcht: (Sie ist) das Brahman. . . . (4,4,25)

Mit dieser Beschreibung konform geht die Bhagavadgītā, die für die Seele außer dem Wort ātman auch die Ausdrücke jīva (»Individualseele«) und dehin (»bekörperte Seele«) verwendet:

> Sie (die Seele) wird niemals geboren noch stirbt sie. Wenn sie existiert, hört sie nie auf, zu sein. Ungeboren, dauerhaft, ewig und alt ist sie. Wenn der Körper zugrundegeht – sie wird nicht zerstört. (BhG 2,20)

> Wie ein Mann, wenn er (seine) verschlissenen Kleider abgeworfen hat, andere, neue anlegt, so tritt die Seele, wenn sie die verschlissenen Leiber abgetan hat, in andere, neue, ein. (2,22)

Der ewige Ātman, die Seele in ihrer Wanderung durch die wechselnden Daseinsformen, gleicht dem Seidenfaden durch eine Perlenkette. Der Faden ist das Kontinuum, das die Perlen verbindet und ihnen eine gemeinsame Identität verleiht – wie die Seele den Wiedergeburtsexistenzen:

Die Philosophen der Upaniṣaden, die die karmisch bedingte Wiedergeburt der Seele zuerst formulierten, haben sich auch über die Natur der Seele Gedanken gemacht.

Wahrlich, diese Seele (ātman) ist das Brahman (BāU 4,4,5), erklärt die Bṛhadāraṇyaka-Upaniṣad: Ātman und Brahman, Individualseele und Weltseele, sind identisch. Ist die Individualseele von karmischen Bindungen frei geworden und nicht länger gezwungen, neue Verkörperungen anzunehmen, dann geht sie in der Weltseele auf und ist erlöst. Der Hindu-Philosoph Śaṅkara vergleicht (in Vc 566) die Individualseele dem Raum, der in einem Tonkrug eingeschlossen ist. Wenn der Krug zerbricht, endet die Individualisierung des von dem Krug umschlossenen Raums, und er wird vom Universum ununterscheidbar. Ebenso geschieht es dem Menschen, der seine karmische Einengung zersprengt hat. Seine Seele fällt in die Allseele, ins Brahman, zurück und wird von ihm ununterscheidbar.

Soweit die Seelenvorstellung im Hinduismus.

Der Seelenglaube im Jainismus

Eine den Körpertod überdauernde Seele, die durch das Karman zur Wiedergeburt gezwungen ist und durch eigenes Bemühen des Gläubigen erlöst werden muß, ist auch die Grundidee der Jaina-Religion. Der erste Verkünder von Jaina-Grundsätzen war Pārśvanātha (vermutlich 8. Jahrhundert v. Chr.), von dem man jedoch nicht viel weiß; einige Indologen bezweifeln sogar seine Geschichtlichkeit. Mehr ist bekannt über Vardhamāna oder Mahāvīra, den eigentlichen Gründer der Jaina-Schule, nach dessen Ehrentitel Jina die Religion ihren Namen hat. Der Jina, »Der Sieger«, war ein Zeitgenosse des Gautama Buddha. Beide lebten im 6./5. oder, nach jüngeren Forschungen, im 5./4. Jahrhundert v. Chr.

Nach dem Glauben der Jainas besteht die Welt aus unbeseelten und beseelten Dingen, die scharf unterschieden werden. Zum Bereich des Unbeseelten gehören die Dinge, die ohne eigenes Gefühl sind, vor allem die Materie. Um keinem beseelten Wesen Schaden anzutun, üben die Jainas Berufe aus, die nur mit unbeseelten Dingen umgehen. Sie treiben deshalb vorzugsweise Handel mit Mineralien und Metallen. Viele Jainas sind Juweliere. Die Jaina-Gemeinschaft, die vier Millionen Personen umfaßt, hat es mehrheitlich zu Wohlstand gebracht.

Dem Bereich des Unbeseelten steht der des Beseelten gegenüber. Hierzu gehören die zahllosen individuellen Seelen (ātman), die ewig, mit Bewußtsein begabt, allwissend, sorgenfrei und vollkommen sind – solange sie nicht durch äußere Verunreinigungen zu Jīvas, d. h. inkarnierten Seelen, degenerieren. Die Ausdrücke ātman und jīva bezeichnen im Jainismus dieselbe Seele, je nachdem ob sie sich im Reinzustand oder im inkarnierten Zustand befindet. Alle Ātmans sind gleich, wohingegen die Jīvas infolge ihrer Bekörperungen verschieden sind.

Die Entartung einer Seele (ātman) zum Jīva wird verursacht durch die Ablagerung feinmaterieller Unreinheiten – sogenannter Karmas (Plural) – auf der Seele in der gleichen Weise, wie sich auf einer eingeölten Holzplatte Staubkörnchen niederlassen. So nimmt der Ātman, die reine unbekörperte Seele, zuerst einen geistigen, dann einen physischen Körper an, der den Ātman zuerst verhüllt und schließlich umkrustet. Der Ātman wird dadurch zum Jīva, zu einem physischen Wesen, das an den Wiedergeburtenkreislauf gebunden ist und sich ständig wiederholendes Leiden zu ertragen hat. Alles Leiden entsteht nach Überzeugung der Jainas aus der Bindung der Seele an die Materie.

Erlösung ist möglich durch Rückverwandlung des Jīva in einen reinen Ātman. Sie geschieht, indem man die alte Karma-Substanz vernichtet und keine neuen Seelenverunreinigungen mehr schafft. Der Weg zu diesem Ziel führt durch viele Wiedergeburten und ist lang und schmerzhaft. Um ihre alten Karmas so schnell wie möglich aufzuheben, praktizieren manche Jainas rigorose Observanzen. Als Helden gefeiert werden in der Jaina-Gemeinschaft die Heiligen, die sich zu Tode hungern. Dies gilt als der konseuenteste Weg, den Ātman von materiellen Anhaftungen zu befreien.

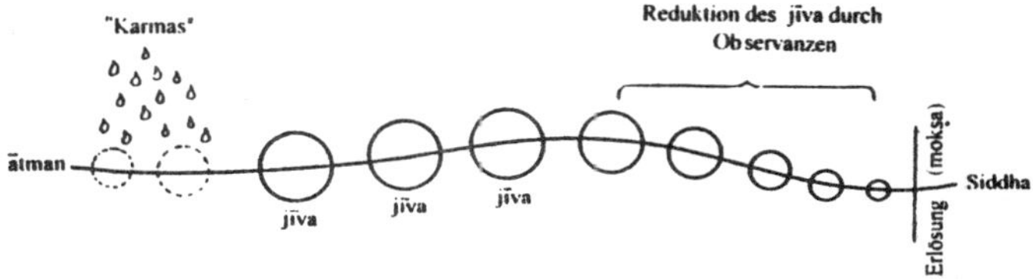

Die Erlösung (mokṣa) besteht im Jainismus im Freiwerden der Seele von der Wiedergeburt, in der Wiederherstellung ihrer ursprünglichen Reinheit. Die Erlösten (Siddha, Kevalin) leben nach dem Tode in einem Paradies oberhalb des Universums. Dort existieren sie als unkörperliche Geister in einem Zustand der inaktiven, allwissenden Seligkeit, in der es keine Emotionen wie Freude und Enttäuschung mehr gibt.

Der Materialismus: Seelenverneinung

Keine philosophische Richtung bleibt unwidersprochen, und so entwickelte sich auch gegen die Lehren der Hindus und Jainas eine Opposition. Sie ging aus von den Materialisten und Buddhisten. Beide Systeme spöttelten über den Seelenglauben (ātmavāda) der Hindus und Jainas und setzten ihm Systeme der Seelenleugnung (anātmavāda) entgegen.

Der altindische Materialismus trägt mehrere Namen: Cārvāka nach einem seiner Philosophen, oder Lokāyata, da seine Anhänger »Der (sichtbaren) Welt zugeneigt« sind. Von ihren philosophischen Gegnern wurden sie als Nāstikas, als »Negierer« oder »Nihilisten« bezeichnet, da sie die Autorität des Veda ablehnen, Göttern keine Bedeutung beimessen und die Existenz von allem bestreiten, was man nicht mit den Sinnen wahrnehmen kann. Da dies auch für die Seele, für Wiedergeburt und Karman zutrifft, werden auch diese geleugnet, so daß sich das Denken der Cārvākas auf die Gegenwart beschränkt. Die Cārvākas besaßen ein Buch, das ihre philosophische Haltung umriß: das Barhaspatisūtra (vermutlich 3. Jahrhundert v. Chr.). Leider ist dieses Werk in der vollständigen Fassung verloren, so daß wir uns eine Vorstellung vom Cārvāka-System nur aus den Zitaten in den Werken ihrer Gegner machen können.

Ein buddhistischer Text beschreibt das Cārvāka-System folgendermaßen:

> Es gibt keine Spende, kein Opfer, keine Opfergabe (die für das Erlangen des Heils von Wert wären), es gibt keine Frucht und kein Reifwerden guter und böser Taten, es gibt nicht eine diesseitige noch eine jenseitige Welt. (...) Der Mensch ist aus den Vier Großen Elementen gebildet. Stirbt er, verfällt seine Materie der Erde, seine Flüssigkeit dem Wasser, seine Temperatur dem Feuer, sein Hauchiges der Luft, seine Sinnesfähigkeit dem Raum. Zu fünft ziehen sie, die (vier) Leichenträger und der Tote auf der Bahre, dahin. Bis zum Verbrennungsplatz sprechen sie (die Leichenträger) über den Verstorbenen. Dann sind nur noch bleiche Knochen übrig und die Opferbeigaben sind zu Asche geworden. Nur Toren propagieren Spenden. Wenn Leute sagen, es gebe einen Nutzen davon, dann ist das müßiges und falsches Gerede. Dumme wie Kluge vergehen mit dem Zerfall des Körpers und sind vernichtet; nach dem Tode gibt es sie nicht mehr. (D 2,23)

In seinem »Handbuch der sechs Systeme« (Ṣaḍdarśanasamuccaya) bestätigt der jainistische Autor Haribhadra (8. Jahrhundert n. Chr.) die buddhistische Beschreibung:

> Die Lokāyatas sagen: Es gibt keinen Gott und keine Befreiung; Dharma und Adharma existieren nicht. Gutes und Böses haben keine (wiedergeburtlichen) Folgen. (Ṣds 9,1)

> Ihre Meinung ist: Diese Welt existiert nur, soweit die Sinne reichen... (9,2)

> Weiter (sagen sie): Die Vier Elemente Erde, Wasser, Feuer und Wind sind die Grundlagen der Denktätigkeit (caitanya). Für sie ist das einzige Beweismittel (māna) die (sinnliche) Wahrnehmung. (9,4)

> Aus der Kombination der (vier Elemente) Erde usw. entsteht der Körper usw. Wie die Macht des Rausches aus den Bestandteilen des Branntweins resultiert, ebenso entsteht die Beseeltheit (ātmatā) (aus materiellen Gegebenheiten). (9,5)

> Hinwendung zum Ungesehenen unter Aufgabe des Gesehenen – die Cārvākas haben erkannt: Das ist die Dummheit der Welt! (9,6)

Da Wiedergeburt und Karman im Cārvāka-Denken keine Rolle spielen und die Cārvākas keinen wiedergeburtlichen Abstieg fürchten, leben sie so, wie es ihnen gefällt. Sie sind Hedonisten, durch ethische Vorschriften und Grundsätze nicht gebunden. Die »Zusammenfassung aller Systeme« (Sarvadarśanasaṃgraha) des Mādhava (14. Jahrhundert) überliefert die Maxime des Cārvāka-Vordenkers Bṛhaspati:

> Lebe vergnügt, solange Leben in dir ist, und iß Schmelzbutter, auch wenn du dich verschulden mußt! (SDS 1)

Der Buddhismus: Seelenverneinung

Es war der Buddhismus, gegründet im 6./5. oder – nach neuerer Lehrmeinung – im 5./4. Jahrhundert v. Chr. durch Siddhārtha Gautama, den Buddha, den »Erwachten«, der die upaniṣadische Wiedergeburts- und Karma-Lehre mit der Leugnung der Seele verband. Die Ablehnung des Glaubens an eine den Tod überdauernde Seele (ātman, P: attan) ist die philosophische Kernlehre des Buddhismus, die ihn vom Jainismus und jeder Form des Hinduismus unterscheidet.

Was wir als Person bezeichnen, ist in der Sicht des Buddha eine Ansammlung von fünf – und nur fünf – Faktoren, nämlich Körper, Empfindungen, Wahrnehmungen, Geistesregungen und Bewußtsein. Der Buddha nennt sie die »Fünf Gruppen der Aneignung« (P: pañcupādānakkhandha), weil man sie sich bei jeder Wiedergeburt als neue Persönlichkeit aneignet.

Da alle Systeme Indiens die Seele als ewig und unveränderlich definieren, kann keine der »Gruppen« eine Seele sein, denn alle fünf weisen Kennzeichen auf, die sich mit der indischen Seelendefinition nicht vereinen lassen. Die fünf »Gruppen« sind der Krankheit unterworfen, veränderlich und verursachen Leiden: Folglich sind sie (P.) anatta, keine Seele (S 22,59). Von nichts, das unbeständig, leidhaft und vergänglich ist, kann man sagen: »Dies ist mein, das bin ich, das ist meine Seele« (Mv 1,6,42f.).

> Der wohlunterrichtete edle Jünger, der Umgang mit Edlen pflegt und das Verständnis der Edlen Lehre besitzt, ... betrachtet weder den Körper als eine Seele noch die Seele als körperartig, weder den Körper als in einer Seele noch eine Seele als im Körper enthalten. (Das gleiche Wissen der Nicht-Seelenhaftigkeit hat er bei) Empfindungen, Wahrnehmungen, Geistesregungen und Bewußtsein. ... (M 109; 11 III p. 17)

Konsequenter als alle anderen nichtmaterialistischen Denker Indiens lehrt der Buddha: Nirgendwo ist Ewigkeit, auch nicht in einer Seele.

Bestreiten die Buddhisten einerseits die Existenz einer den Körpertod überdauernden, in die nächste Existenzform überwechselnden Seele, so gehen sie andererseits, was die Rückwirkung des Handelns auf den Täter angeht, mit der Karma-Lehre der Upaniṣaden konform. So heißt es in der buddhistischen Spruchsammlung Dhammapada:

> Im Luftraum nicht, nicht in des Meeres Mitte,
> nicht in der Berge Schluchtenödenei
> gibt's einen Ort auf Erden, wo, dort weilend,
> von böser Taten (Frucht) man würde frei. (Dhp 127)
>
> Ist jemand heimgekehrt von langer Reise
> wird jubelnd er begrüßt im Freundeskreise. (219)
>
> Genau so wird, wer Gutes hier begangen,
> im Jenseits von der guten Tat empfangen. (220)

Schon zu Lebzeiten des Buddha fanden viele es schwierig, die buddhistische Auffassung der Wiedergeburt zu verstehen. Wenn eine den Tod überdauernde Seele bestritten wird, so fragen sie, wer wird dann wiedergeboren? Wenn keine Seelenidentität zwischen den Wiedergeburtsexistenzen besteht, wie kann der Buddhismus dann behaupten, der Wiedergeborene ernte die Frucht seiner in der Vorexistenz getanen Taten? Wie wäre Wiedergeburt ohne Seelenwanderung überhaupt möglich?

Die Notwendigkeit, diese Fragen zu beantworten, machte den Buddha zum Entdecker einer neuen Denkweise. An die Stelle des herkömmlichen Denkens in Begriffen wie »Substanz« und »Sein« setzte er ein Denken in Werdensabläufen und Kausalitäten. Mangels einer überwandernden Seele besteht zwischen den Personen einer Wiedergeburtenkette keine Identität; ihre Verwandtschaft ergibt sich aus kausaler Abhängigkeit. Vor- und Folgeexistenz sind durch Bedingtheit verbunden: Person A bedingt durch ihren Impuls, daß Person B ins Dasein tritt – etwa wie auf einem Billardtisch Kugel 1 durch ihren Anstoß den Impuls liefert, daß Kugel 2 ins Rollen gerät. Materiell geht nichts von Kugel 1 zu Kugel 2 über, lediglich der Impuls pflanzt sich fort und gibt der zweiten Kugel Bewegung und Richtung.

Freilich hat der Vergleich eine Schwäche. Er setzt voraus, daß die jeweils folgende Kugel bereits existiert, während bei der realen Wiedergeburt die neue Person ja erst bedingt und geschaffen wird. Der Pāli-Kanon führt aus, wie dies geschieht.

Drei Dinge, so heißt es dort (M 38; 26 I p. 265 f. + M 93; 18 II p. 157), sind erforderlich, damit ein Wesen zustande kommt: Eine empfängnisbereite Mutter, ein Vater und ein Geist (gandhabba), der an anderer Stelle des Kanons (D 15,21) als das Bewußtsein (viññāna) eines Sterbenden erklärt wird. Wenn das Bewußtsein des Sterbenden in die befruchtete Mutter eingeht, entsteht in dieser ein neues Wesen. Zu beachten ist: Nicht in das Kind geht das Bewußtsein ein, sondern in die Mutter. Das Bewußtsein wirkt in der Mutter wie der Entzünder eines Feuers oder wie ein Katalysator, der einen chemischen Prozeß auslöst, im Endprodukt dieses Prozesses aber nicht mehr enthalten ist. Der Mönch Sāti, der glaubte, das Bewußtsein wandere von dem Sterbenden direkt in das neue Wesen über, sei also eine transmigrierende Seele, wurde vom Buddha für diese falsche Meinung aufs schärfste gerügt. (M 38; 5 I p.258)

Als Diagramm dargestellt sehen Wiedergeburt und Karman (P. kamma) im Buddhismus wie folgt aus:

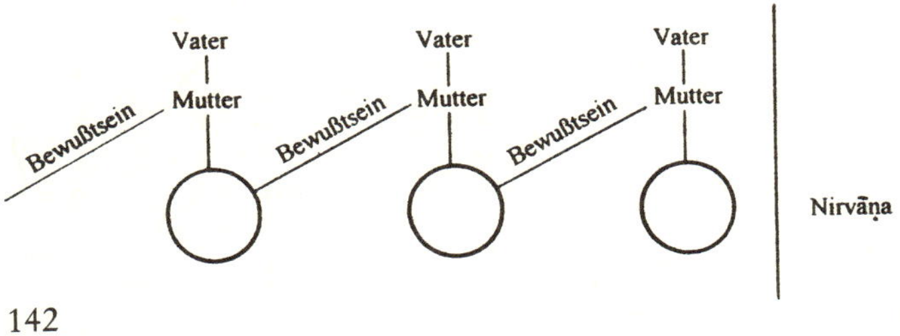

Anders als im Hinduismus fehlt im Buddhismus ein die Existenzen durchziehendes Seelenband. Zwischen den Existenzen einer Wiedergeburtenfolge herrscht lediglich Bedingtheit.

Die Funktion des Bewußtseins in dieser Wiedergeburtslehre erinnert an Funk- oder Radiowellen. Die befruchtete Mutter gleicht dem eingeschalteten Empfänger, aber ein Empfang kommt erst zustande, wenn ein Sender aktiv wird, dessen »karmische« Frequenz mit der Welleneinstellung des Empfängers übereinstimmt. Sender und Empfänger sind durch keine Substanz oder Materie miteinander verbunden; allein die Impulse des Senders stellen einen Zusammenhang her.

Das Diagramm erläutert auch die buddhistische Vorstellung von der Erlösung. Nirvāṇa, Verlöschen, hat derjenige erreicht, dessen Tun frei ist von Gier, Haß und Unwissenheit, die im Buddhismus als die Antriebskräfte zur Wiedergeburt gelten. Von einem Wesen ohne Gier, Haß und Unwissenheit gehen keine Impulse mehr aus, die eine Wiedergeburt bedingen könnten; die Wiedergeburtenkette reißt ab. Nirvāṇa (P. nibbāna) ist der Zustand des Verloschenseins, der Freiheit von jeglichem Wiedererstehen. Da das Nirvāṇa außerhalb des saṃsārischen Kreislaufs liegt, gibt es keine Worte, es zu beschreiben, denn unsere Sprache ist innerweltlich.

Wie eine Flamme, ausgeweht vom Winde,
verweht ist und Begriffe nicht mehr passen,
so der von Geist und Leib befreite Weise:
Er ist nicht mehr begrifflich zu erfassen. (Snip 1074)

Kein Maß gibt's mehr für ihn, der hingeschieden,
es gibt kein Wort, mit dem man ihn begreift:
Wenn alle Dinge völlig abgelegt sind,
sind auch Bezeichnungsweisen abgestreift. (1076)

*

Wie kamen die vier skizzierten Denksysteme miteinander aus? Gab es zwischen den hinduistischen und jainistischen Verfechtern einer ewigen Seele und den materialistischen und buddhistischen Seelenverneinern Streit, Diskussionen oder philosophische Synthesen?

Von Streit ist nichts überliefert, aber man weiß von temperamentvollen Debatten. Die Kontroverse hat auch literarischen Niederschlag gefunden, so durch den Buddha-Mönch Śāntarakṣita (750–802) in seinem Werk »Zusammenfassung der Kernlehren« (Tattvasaṃgraha), durch die oben genannten Autoren Haribhadra (8. Jahrhundert) und Mādhava (14. Jahrhundert) mit ihren jainistisch bzw. vedāntisch inspirierten Büchern sowie durch einige weitere Werke unsicherer Zuschreibung und Datierung. Selbstverständlich stellt jeder Autor seine eigene »(Welt)ansicht« (darśana) als den denkerischen Gipfel heraus. Philosophische Synthesen zwischen den Seelengläubigen und den Seelenverneinern gab es nicht und konnte es nicht geben, denn wie hätte ein Kompromiß aussehen sollen? Die beiden Auffassungen sind unvereinbar wie Feuer und Wasser.

In Indien hat der Zeitablauf die leichter verständliche Seelentheorie (ātmavāda) der Hindus über die Seelenleugnung (anātmavāda, nairatmyavāda) der Buddhisten obsiegen lassen: Seit dem 12. Jahrhundert ist der Buddhismus aus Indien fast verdrängt und der Hinduismus die dominante Religion. Außerhalb Indiens jedoch, in den buddhistischen Ländern Ceylon, Burma, Thailand, Laos und Kambodja sowie in Tibet, Bhutān, der Mongolei und unter den Buddhisten Chinas, Koreas, Japans und Vietnams ist die Negierung einer ewigen Seele die anerkannte Philosophie.

Buddhismus

Leben und Lehre des historischen Buddha*

Die Nachricht, daß der Buddha eine Woche zuvor gestorben sei, erreichte den alten Mönch Mahākassapa und seine Begleiter auf dem Weg nach Kusinārā. Einige Mönche brachen in Wehklagen aus, aber Mahākassapa tröstete sie. Die Vergänglichkeit alles Entstandenen sei die Botschaft des Verstorbenen gewesen, so sagte er, wie könne der Buddha selbst eine Ausnahme sein? Wichtiger als zu jammern sei es jetzt, die Lehre des verloschenen Meisters vor Entstellungen zu bewahren. 500 Seniormönche sollten sich in der nächsten Regenzeit zusammensetzen, um die ihnen erinnerlichen Lehrreden des Buddha vorzutragen. Als Ort des Treffens wurde Rājagaha, die Hauptstadt des Königreichs Magadha, gewählt (Cv 11,1–3).

So geschah es. Vier Monate nach dem Tode und der Einäscherung des Buddha im Jahre 483 v. Chr.** versammelten sich die Mönche (bhikkhu) auf dem Vebhāra-Berge bei Rājagaha zum Ersten Konzil. Der Mönch Upāli trug die vom Buddha erlassenen Mönchsregeln (vinaya) vor, der Bhikkhu Ānanda die Lehrreden (sutta) des Meisters, aber auch jeder andere Mönch war aufgefordert, die ihm in Erinnerung gebliebenen Äußerungen des Buddha zu Pro-

---

* In diesem Kapitel werden alle indischen Namen und Begriffe in ihrer Pāli-Form wiedergegeben. Der Abriß folgt dem Buch H. W. Schumann: Der historische Buddha – Leben und Lehre des Gotama, München ^{4}1995 (Diederichs Gelbe Reihe Bd. 73).

** Neuere Untersuchungen haben Zweifel an diesem Jahresdatum geweckt und setzen den Buddha rund hundert Jahre später an. Die Beweiskraft der neuen Datierung reicht noch nicht aus, daß sie das ältere Zeitgerüst ersetzen müßte.

tokoll zu geben. Erhob niemand Einspruch, war das Vorgetragene als authentisch anerkannt und damit kodifiziert, denn Schweigen gilt im Orden des Buddha als Zustimmung. Nach sieben Monaten des Rezitierens hatte die Synode einen Kanon von Buddhaworten zusammengestellt, der von Mönchen auswendig gelernt wurde. Von zwei späteren Konzilen überprüft und ergänzt, wurde die Textmasse im 1. Jahrhundert v. Chr. auf der Insel Ceylon in der Pāli-Sprache auf Palmblätter niedergeschrieben. Dieser Kanon ist erhalten und liegt in Druckausgaben vor.

Der Buddha hatte sich besonderes Interesse an seiner Person stets verbeten. Die Lehre (dhamma) sei das Wichtige, hatte er erklärt, nicht der Lehrer. Die frühen Buddhisten haben es deshalb unterlassen, eine Biographie ihres Meisters zusammenzustellen. Dennoch enthalten die Pāli-Texte genug Angaben, seinen Lebenslauf zu rekonstruieren. Aus dem Pāli-Kanon und den alten Kommentaren weiß man über Siddhattha Gotama, den Mann mit dem Ehrentitel eines »Erwachten« (Buddha), weit mehr als aus den Evangelien über den historischen Jesus.

Siddhattha, so erfahren wir, wurde nicht in seinem Elternhaus geboren. Seine Mutter war aus Kapilavatthu aus dem Hause ihres Gatten, des Rāja Suddhodana Gotama, aufgebrochen, um ihr Kind mit dem Beistand ihrer Mutter in Devadaha zur Welt zu bringen. Auf halbem Wege zwischen Kapilavatthu und Devadaha bei dem Dorf Lumbinī wurde sie jedoch von den Wehen überrascht und gebar ihr Kind im Schatten eines Baumes. Von ihren Begleitern nach Kapilavatthu zurückgebracht, starb sie eine Woche später. Der kleine Siddhattha wuchs in der Pflege seiner Tante Pajāpati auf, der Schwester der Verstorbenen, die gleichfalls mit dem Rāja Suddhodana verheiratet war.

Der Titel Rāja für den Vater des Buddha hat dazu geführt, daß spätere Legenden ihn als König und seinen

Sohn Siddhattha als Prinzen bezeichnen. Der Pāli-Kanon läßt indes erkennen, daß der Rāja Suddhodana seine Familie durch Ackerbau ernährte und dem Mahārāja Pasenadi von Kosala unterstand, der in Sāvatthi residierte. Suddhodana Gotama war der vom Kriegeradel des Sakya-Klans aus seinen Reihen gewählte Gouverneur einer halbsouveränen Republik. Als Präsident des Stammesparlaments, in dem nur die Kriegerkaste Stimmrecht hatte und im Konsens entschieden wurde, war er für die Innenverwaltung und die Nachbarschaftspolitik zuständig, durfte aber weder Bündnisse schließen noch Krieg erklären. Als Gerichtsvorsitzender hatte er in Zivil- und Strafsachen zu entscheiden. Für Siddhattha wurde die herausgehobene Position seines Vaters bedeutsam, denn sie vermittelte ihm das politische Feingefühl und die Rechtskenntnisse, die ihm später bei der Gründung seines Ordens zustatten kamen. Auch die Beredsamkeit und Überzeugungskraft scheint er von seinem Vater geerbt zu haben.

In so günstige soziale Verhältnisse hineingeboren, war Siddhatthas Jugend frei von Not. Mit 16 wurde er an eine gleichaltrige Kusine verheiratet. Als das Paar 29 war, wurde ihnen ein Sohn geboren, der den Namen Rāhula erhielt. Kurz danach setzte Siddhattha einen ungewöhnlichen Wunsch in die Tat um: Er verließ Frau, Kind und Familie und zog als Bettelmönch in die Heimatlosigkeit. Manches deutet darauf hin, daß er, des Wohllebens überdrüssig, Vater und Ziehmutter schon länger mit dem Ansuchen bestürmt hatte, ein von Almosen lebender Wanderasket (samaṇa) zu werden, daß die Eltern aber die Geburt eines männlichen Nachkommen zur Voraussetzung ihrer Erlaubnis gemacht hatten. Jetzt war diese Bedingung erfüllt. Mit geschorenem Kopf und gehüllt in gelbbraune Asketengewänder schloß Siddhattha sich der religiösen Freiheitsbewegung an, die außerhalb der vedischen Opferkulte und fern von brahmanischer Bevormundung die Erlösung durch eigenes Nachdenken suchte. Von Kapilavatthu wanderte der junge Samaṇa nach Südosten, überquerte den Ganges beim heutigen Patna und unterstellte sich unweit von Rājagaha dem Schulhaupt Āḷāra Kālāma.

Das Wandergebiet des Buddha in Nordindien

Die Unterweisungen des Āḷāra, der Yoga-Versenkung propagierte, enttäuschten ihn. Sehr bald verließ er ihn wieder und wandte sich einem zweiten Schulhaupt zu, dem Uddaka Rāmaputta, der die upaniṣadische Lehre von der Seelenwanderung und die Identität von Individual- und Weltseele vertrat. Aber auch diese Ideen stellten Siddhattha nicht zufrieden. Er trennte sich von Uddaka, zog sich in den Wald zurück und begann eine rigorose Askese. Er betrieb Atemübungen bis zur Ohnmacht, blieb nackt und fastete bis knapp vor dem Hungertod. Fasziniert von seiner Striktheit schlossen sich ihm fünf andere Asketen an. Keiner von ihnen zweifelte daran, daß Siddhattha als erster die Erlösung erreichen werde.

Mehrere Jahre betrieb er diese Selbstquälerei. Eines Tages indes wurde ihm klar, daß die Schwächung des Körpers auch den Geist in Mitleidenschaft zieht und ihn zur höheren Erkenntnis unfähig macht. Er nahm wieder Nahrung zu sich, um zu Kräften zu kommen, und schlug einen anderen Weg zur Erlösung ein: die Meditation. Empört über Siddhatthas vermeintlichen Rückfall ins weltliche

Leben ließen ihn die fünf Askese-Gefährten im Wald allein.

Die Meditation erwies sich als der richtige Weg. In der ersten Vollmondnacht des Monats Vesākha (April/Mai) im Jahre 528 v. Chr. erreichte Siddhattha, unter einem Pippala-Baum sitzend, die Erleuchtung. Gehörtes und Selbsterkanntes fügten sich vor seinem geistigen Auge zu einem harmonischen System zusammen. Mit der Erkenntnis des Dhamma, des »Gesetzes«, dem alles Werden und Vergehen unterliegt und das jeder für seine Erlösung nutzen kann, war der fünfunddreißigjährige Siddhattha Gotama ein Buddha, ein »Erleuchteter« oder »Erwachter« geworden. Zugleich machte die Erleuchtung ihn von der Wiedergeburt frei. Der Jubelruf brach aus ihm hervor:

> Gesichert ist meine Erlösung,
> dies ist meine letzte Geburt,
> ein Wiederentstehen gibt es nicht mehr! (M 26; 18)

Der Vollmond des April/Mai als Tag der Erleuchtung und Erlösung des Buddha gilt als der höchste Feiertag der buddhistischen Welt; der Pippala, die Pappelfeige (Ficus religiosa), wird als der Erleuchtungsbaum verehrt.

Keineswegs war der junge Buddha sofort bereit, der Welt seine Erkenntnisse darzulegen. Schließlich aber siegte sein Mitleid mit den unerlösten Wesen: Er entschloß sich, eine Lehrtätigkeit aufzunehmen. Da seine früheren Lehrer Āḷāra und Uddaka inzwischen gestorben waren, fielen ihm die fünf ehemaligen Askesegefährten ein – sie würden den Dhamma verstehen. Zu ihnen, die sich jetzt im Wildpark von Isipatana (Sārnāth) bei Benares aufhielten, machte er sich auf die Wanderung.

Die fünf Asketen – Kondañña, Bhaddiya, Vappa, Mahānāma und Assaji – verhielten sich frostig, als der vermeintlich Abtrünnige sich ihnen im Wildpark bei Benares näherte. Je dichter er jedoch herankam, umso stärker spür-

ten sie die Würde seiner Erlöstheit und ließen ihm alle Höflichkeiten zuteil werden. Tage später hielt der Buddha vor ihnen seine erste Lehrrede – er setzte das »Rad der Lehre« in Gang, wie es in den Texten heißt. Das Rad, meist dargestellt mit acht Speichen, ist seither das Symbol der Buddhalehre. Auf vielen Abbildungen wird es von zwei Gazellen begleitet: Ein Sinnbild für die historische Erstdarlegung der Lehre im Jahre 528 v. Chr. im Wildpark von Isipatana.

Das Sutta vom Andrehen des Dhamma-Rades, mit dem die Missionstätigkeit des Buddha beginnt, kennzeichnet die Lehre als einen Mittleren Weg und liefert durch das System der Vier Wahrheiten das logische Gerüst, in das man alle Einzelzüge einordnet. Atemlos lauschten die fünf Asketen den Ausführungen des Buddha, und noch während er sprach, ging dem Kondañña die Erkenntnis der Lehre auf. Kurz darauf bat er den Buddha, ihn als Jünger anzuerkennen. Wenig später bekannten sich auch die anderen vier ehemaligen Asketen zu Jüngern des Buddha und baten um Aufnahme als Mönche (bhikkhu). Mit der Ordination der fünf war der buddhistische Mönchsorden (saṅgha) ins Leben getreten.

Dem Mönchsorden trat bald eine Laiengemeinde zur Seite. Ausgelöst wurde ihre Gründung durch den Kaufmann Yasa, einen jungen Mann aus reicher Familie in Benares. Er hatte den Buddha predigen gehört und war von seiner Botschaft so gepackt, daß er Mönch wurde. Yasas Eltern und viele seiner Freunde baten daraufhin den Buddha, sie als Laienbekenner (upāsaka) anzuerkennen. Durch das Sprechen der Dreifachen Zuflucht – zum Buddha, zur Lehre und zur Mönchsgemeinde – traten sie der neuen Religion als weltliche Bekenner bei. Ohne eine Laienschaft, die die Bhikkhus durch Almosen ernährt, ihnen die Mönchsroben spendet und im Krankheitsfall Arzneien liefert, hätte der Orden des Buddha die zweieinhalbtausend Jahre seit seiner Gründung nicht überleben können.

Zumal im Monsun bedürfen die Mönche der Hilfe der Laien. Wenn ab Mitte Juni mit Blitzen und dröhnendem Donner Gewitter auf Südasien herabstürzen, wenn die Wege sich in Morast verwandeln und Skorpione und Schlangen aus ihren Erdlöchern hervorkommen und das Umherziehen beschwerlich machen, dann brauchen auch Wandermönche einen Unterschlupf. Im Jahr der Erleuchtung, als noch keine Klöster existierten, hatten die Bhikkhus für den Buddha und sich selbst in Isipatana schilfgedeckte Bambushütten errichtet. Nahrung kam von der Yasa-Familie und Yasas Freunden. Dreimonatiges stationäres »Regenzeit-Halten« in einem Kloster (vihāra) ist seitdem im buddhistischen Orden vorgeschrieben. Die Zeit der Ruhe und Gemeinsamkeit dient auch der Schulung der Mönche, denn sie erlaubt ihnen, Freundschaften zu schließen und ihre Dhamma-Kenntnisse durch Gedankenaustausch zu erweitern.

Zu Ende der Regenzeit 528 v. Chr. traf der Buddha zwei

folgenschwere Entscheidungen. Er wies die Bhikkhus an hinauszuziehen, um die Lehre zu verkünden:

> Wandelt, ihr Mönche, euren (eigenen) Weg zum Segen und Glück für die Vielen, aus Mitleid mit der Welt. ... Geht nicht zu zweit denselben Weg. Lehret, ihr Mönche, die Lehre (dhamma), deren Anfang, Mitte und Ende gut ist, dem Sinne wie dem Buchstaben nach (und) propagiert den ... reinen Wandel der Heiligkeit. Es gibt Wesen, deren Augen kaum mit Staub bedeckt sind, wenn sie die Lehre nicht hören, sind sie verloren. Wenn sie aber die Lehre vernehmen, werden sie (zur Erlösung) gelangen. (Mv 1,11,1)

Einige Zeit später gab er den Mönchen die Erlaubnis, ihrerseits Novizen zu ordinieren. Der Orden war damit von seinem Stifter unabhängig und imstande, ein Eigenleben zu führen.

Gleich seinen Mönchen machte sich auch der Buddha selbst auf die Wanderschaft, um seine Lehre einem größeren Menschenkreis darzulegen. Sein erstes Ziel war Uruvelā bei Bodh Gayā, wo er die Erleuchtung verwirklicht hatte.

Bei Uruvelā gab es drei Brüder namens Kassapa, die das Leben von Flechthaarasketen führten und den Feuer- und Wasserkult ausübten. Jeder von ihnen hatte eine beachtliche Anhängerschaft, die Pāli-Texte sprechen von insgesamt tausend Bekennern. Es gelang dem Buddha, die drei Kassapas für seine Lehre zu gewinnen. Sie schoren ihre Haarflechten ab und wurden mit ihrer Gefolgschaft Mönche des Buddha-Ordens. Vor ihnen hielt der Buddha seine berühmte Lehrrede vom Feuer (Mv 1,21), die mit den Worten beginnt: »Alles brennt!« Er führt darin aus, daß es unsere Wahrnehmungssinne sind, die unsere Vorstellung von der Welt bestimmen: Die Sinne schaffen unsere subjektive Welt. Werden sie von Gier, Haß und Unwissenheit beherrscht, müssen alle Wahrnehmungen »zünden«, indem sie weitere Begierden und Abneigungen entstehen lassen. Wer jedoch über die Wahrnehmungssinne Kontrolle übt, der wird von Gier und Lüsten frei und erreicht die Erlösung von der Wiedergeburt. – Es muß die ehemaligen Anhänger des Feuerkults sehr beeindruckt haben, vom Feuer in dieser ethisch vertieften Form zu hören.

Der Buddha wußte sehr wohl, daß es für die Ausbreitung seiner Lehre entscheidend war, wie sich die politischen Herrscher zu ihr einstellen würden. Rājagaha, die Residenzstadt des Königs Bimbisāra von Magadha, wählte er darum als nächstes Ziel.

König Bimbisāra war fünf Jahre jünger als der Buddha und regierte das südlich des Ganges gelegene Reich Magadha bereits seit 16 Jahren. Er begab sich zum Buddha und führte mit ihm ein Gespräch. Am Ende der Unterhaltung erklärte er: »Wie wenn man Umgestürztes aufrichtet oder Verborgenes enthüllt, wie wenn man einem Verirrten den Weg zeigt oder eine Lampe in die Dunkelheit hält, ... so hast du auf vielerlei Weise die Lehre dargelegt. Ich nehme, Herr, meine Zuflucht zum Erhabenen, zur Lehre und zur Mönchsgemeinde. Möge der Erhabene mich als Laienmitglied aufnehmen bis an mein Lebensende!« (Mv 1,22,9–11). Für den folgenden Tag lud der König den Buddha und seine Mönche zur Morgenmahlzeit ein. Nach der Speisung schenkte er dem Mönchsorden seinen vor dem Nordtor Rājagahas liegenden Erholungspark Veḷuvana, »Bambuswald«, als bleibende Wohnstätte.

Für die Mission des Buddha bedeutete die Konversion des Magadha-Königs den Durchbruch. Tausende von Bürgern des Magadha-Reichs nahmen wie ihr Herrscher den Dhamma als Richtschnur für ihr Leben an. In der Tat hatte die neue Lehre jedem einzelnen und jeder Kaste etwas zu bieten. Den Kriegeradel, damals noch die höchste Kaste, sprach sie an durch vornehme Denkweise und ihre Vereinbarkeit mit den Pflichten des Staatsdieners, die Brahmanen durch Rationalität und philosophische Präzision. Den

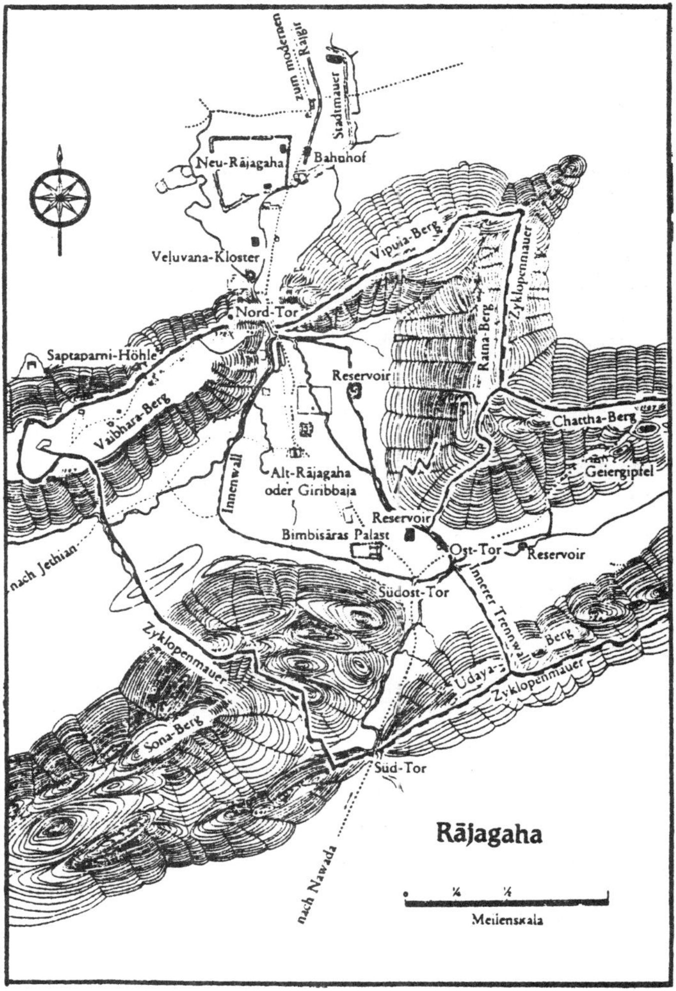

zum modernen Rajgir
Stadtmauer
Neu-Rājagaha
Bahnhof
Veluvana-Kloster
Vipula-Berg
Nord-Tor
Ratna-Berg
Zyklopenmauer
Saptaparni-Höhle
Reservoir
Vaibhara-Berg
Chattha-Berg
Geiergipfel
Alt-Rājagaha
oder Giribbaja
Innenwall
Reservoir
Bimbisāras Palast
Ost-Tor
Reservoir
nach Jethian
Südost-Tor
Innerer Trennwall
Zyklopenmauer
Udaya-Berg
Zyklopenmauer
Sona-Berg
Süd-Tor
Rājagaha
nach Nawada
Meilenskala

Kaufleuten imponierten die Ablehnung teurer Opferkulte und das Verständnis für merkantiles Denken, den Suddhas und Kastenlosen gefiel die Gleichgültigkeit gegenüber sozialer Herkunft. Trotz ihres Urteils über die Welt als generell leidhaft wurde die Lehre des Buddha als Hoffnungsbotschaft empfunden, die jedem zeigte, wie er sich durch Ausnutzung des Gesetzes von der Kausalfolge der Taten (kamma) emporarbeiten und durch eigene Kraft schließlich erlösen kann. Mit dem Bekenntnis König Bimbisāras als Laienanhänger des Buddha hatten sich dem Dhamma die Tore zur Ausbreitung südlich des Ganges geöffnet.

Auch die beiden späteren Meisterjünger des Buddha wurden in jenen Wochen seine Mönche, die Freunde Sāriputta und Moggallāna. Sāriputta war ein Mann hoher philosophisch-analytischer Intelligenz, Moggallānas Begabung lag in der Meditation. Beide brachten 40 Jahre im Mönchsorden zu. Sie starben vor dem Buddha – Sāriputta an einer Krankheit, Moggallāna durch Mord. Ein gedungener Räuber erschlug ihn im Auftrag von Samaṇas, denen er Anhänger abgeworben hatte.

Der Beitritt des Magadha-Königs Bimbisāra zur buddhistischen Laienschaft fand auch Kritiker. Die große Zahl von Mönchen, die jeden Morgen mit ihren Sammelgefäßen durch Rājagaha streiften und vor den Türen auf Almosen warteten, bewirkte nämlich, daß viele »die kahlen Bettelpfaffen« und »Schnorrer« als Belästigung empfanden. Dazu kam, daß Männer, die bisher mit Frau und Kindern ein bürgerliches Leben geführt hatten, plötzlich Mönche wurden und ihre Familien unversorgt zurückließen. Die Klage war zu hören: »Der Samaṇa Gotama lebt davon, uns kinderlos, (Frauen zu Mönchs-)Witwen zu machen und Familien auseinanderbrechen zu lassen. Tausend Flechthaar-Asketen und die 250 Samaṇas des (Ordensleiters) Sañjaya hat er zu seinen Jüngern gemacht; (sogar) kultivierte junge Leute aus den besten Familien Magadhas führen unter seiner Leitung den Reinheitswandel!« – Oft wurden die Mönche, besonders wohl von Kindern, geneckt mit dem dahingeleierten Vers:

Der Samaṇa, der große, nach Rājagaha kam,
des Sañjaya Gefolgschaft er leitend übernahm:
Wen wird er jetzt entführen, wer ist als nächster dran?

Der Buddha, der davon durch seine Mönche erfuhr, erwies sich als geschickter Public-Relations-Mann. Er lieferte eine Gegenstrophe, die die Mönche mit Erfolg in Umlauf setzten:

Die großen Helden, Wahrheitsfinder,
sie führ'n durch wahre Lehre an.
Wer ist wohl neidisch auf den Weisen,
der mittels Wahrheit führen kann?

Der Spruch wurde aufgenommen und brachte die Kritik zum Verstummen. (Mv 1,24,5–7)

Nach der Regenzeit des Jahres 527 v. Chr., die der Buddha in Rājagaha zubrachte, wanderte er nach Nordwesten, um seine Heimatstadt Kapilavatthu zu besuchen. Die Begegnung mit seiner Familie verlief wenig erfreulich. Der Rāja Suddhodana Gotama war erbost darüber, daß sich sein Sohn in Kapilavatthu als Almosenbettler hatte sehen lassen und machte ihm deswegen Vorhaltungen. Siddhatthas verlassene Gemahlin, seit acht Jahren »Mönchswitwe«, schickte ihm den gemeinsamen Sohn Rāhula entgegen mit der Aufforderung: »Das, Rāhula, ist dein Vater. Geh hin zu ihm und frage ihn nach deinem Erbteil!« Artig tat Rāhula, wie ihm geheißen – und wurde vom Buddha auf der Stelle als Novize ordiniert. Suddhodana war untröstlich, daß nun auch sein Enkel ins geistliche Leben übergetreten und der Familie entzogen war. – Auf dem Rückmarsch von Kapilavatthu ordinierte der Buddha einige Mönche, die später für den Orden bedeutsam wurden, darunter Upāli, der sich zum Fachmann für Ordensdisziplin entwickelte, Ānanda, der dem Meister 25 Jahre als persönlicher Betreuer diente, und den ehrgeizigen Devadatta, der später danach trachtete, die Leitung des Ordens an sich zu reißen.

Die Regenmonate des Jahres 526 v. Chr. verbrachte der Buddha wiederum in Rājagaha. In diesen Monsun fallen zwei nennenswerte Begegnungen.

König Bimbisāra von Magadha hatte seinem Leibarzt Jīvaka auch die ärztliche Betreuung des buddhistischen Ordens übertragen, aber Jīvaka war dem Buddha noch nicht begegnet. Ein solches Treffen kam jetzt zufällig zustande und endete damit, daß Jīvaka Laienanhänger des Buddha wurde. Gotama konsultierte ihn mehrfach, einmal bei einer Disharmonie der Körpersäfte, die Jīvaka durch Ölmassagen, Abführmittel, Fruchtsäfte und warme Bäder in den bei Rājagaha entspringenden warmen Quellen kurierte. Auf Jīvakas Empfehlung schloß der Buddha Personen, die unter Lepra, Furunkulose, Ausschlägen, Tuberkulose oder Epilepsie litten, von der Ordination zu Bhikkhus seines Ordens aus, denn es hatte sich gezeigt, daß einige Männer nur deshalb Mönche geworden waren, um von dem berühmten Arzt kostenlos behandelt zu werden.

Die zweite wichtige Begegnung jener Monsunzeit war die mit dem reichen Anāthapiṇḍika, einem Bankier oder Geldverleiher aus Sāvatthi, der Hauptstadt des Königreichs Kosala, der sich nur besuchsweise in Rājagaha aufhielt. Anāthapiṇḍika wurde Laiengefolgsmann des Buddha und bat ihn, seine Lehre möglichst bald auch in Sāvatthi darzulegen. Er, Anāthapiṇḍika, werde dort für den Meister ein Kloster errichten. Nach Sāvatthi zurückgekehrt, erwarb Anāthapiṇḍika für sehr viel Geld das südwestlich der Stadt gelegene Jetavana, den »Wald des (Prinzen) Jeta«, um es dem Buddha zum Geschenk zu machen. Wenig später hielt sich der Meister zum erstenmal dort auf.

Zu den Bewohnern von Sāvatthi, die in der Abendkühle zum Jetavana schlenderten, um dem Buddha dort zu lau-

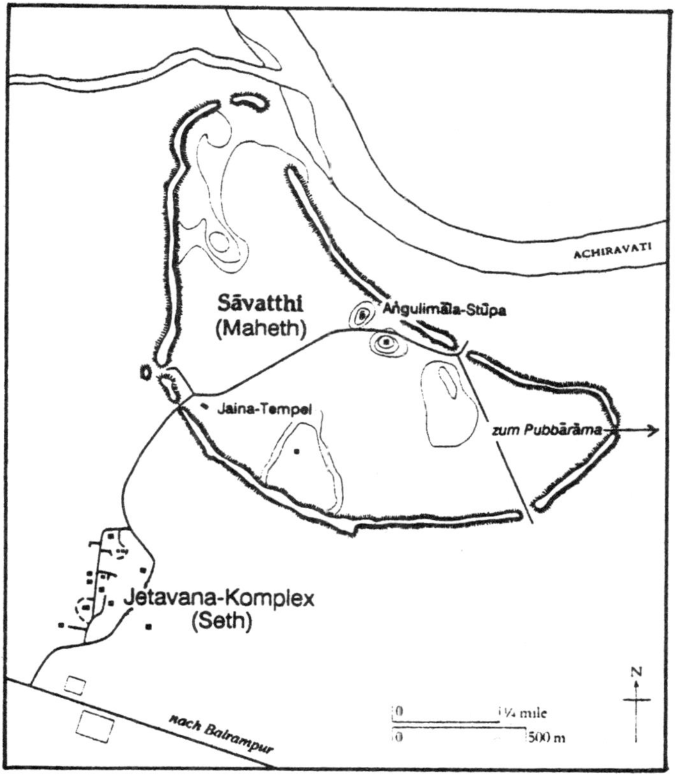

schen, gehörte auch König Pasenadi von Kosala, der in Sāvatthi residierte. Er begegnete dem Buddha mit skeptischer Einstellung, war aber bald so in seinen Bann gezogen, daß er die »Dreifache Zuflucht« sprach und sich als Laie zum Dhamma bekannte. Zwischen den beiden Männern, die etwa gleichaltrig waren, entstand eine herzliche Freundschaft. Allein der Saṃyuttanikāya des Pāli-Kanons enthält 25 über die Jahre verteilte Lehrreden, die der Buddha an Pasenadi richtete. Es ist sogar überliefert, daß der Buddha den wohlbeleibten König ermahnte, weniger zu essen.

Wie die Annahme der Buddhalehre durch König Bimbisāra den Durchbruch bei der Mission südlich des Ganges im Königreich Magadha eingeleitet hatte, so eröffnete Pasenadis Übertritt den Missionserfolg des Buddha im Norden, im Königreich Kosala. Es dürfte auch die Sakyas in Kapilavatthu beeindruckt haben, daß ihr Oberherrscher Anhänger der Lehre eines Sakya geworden war.

Der Buddha hatte nie die Absicht gehabt, auch einen Nonnenorden zu gründen und hatte entsprechende Vorschläge seiner Stief- und Pflegemutter Pajāpati Gotamī strikt abgelehnt. Pajāpati aber ließ sich nicht entmutigen. Nach dem Tode ihres Gatten, des Rāja Suddhodana Gotama, schor sie ihr Haupthaar ab, legte braungelbe Gewänder an und folgte ihrem Pflegesohn nach Vesāli, wo er sich gerade befand. Mit geschwollenen Füßen, staubbedeckt und erschöpft von der mehrtägigen Wanderung, erreichte die alte Dame die Spitzdachhalle. Dort traf sie den Bhikkhu Ānanda, dem sie ihren Herzenswunsch vortrug. Bewegt machte sich der gütige Ānanda beim Buddha zu ihrem Fürsprecher:

Herr, wären Frauen, die in Deinem Dhamma und Deiner Disziplin in die Hauslosigkeit hinausziehen, imstande, die Vollkommenheit zu verwirklichen?
– So ist es, Ānanda (erwiderte der Meister).
Da sie dazu imstande sind, Herr, und da Mahāpajāpati Gotamī Dir von großem Dienst war sowohl als des Erhabenen Tante als auch nach dem Tode Deiner (leiblichen) Mutter als Pflegemutter, Hüterin und Milchgeberin, eben darum wäre es gut, wenn auch Frauen in Deinem Dhamma und Deiner Ordensdisziplin in die Hauslosigkeit ziehen könnten.
– Ānanda, wenn Mahāpajāpati verspricht, acht zusätzliche Regeln einzuhalten, dann möge dies als ihre Ordination gelten. (Cv 10,1,3–4 gerafft)

Von Ānanda über die acht Punkte unterrichtet, stimmte Pajāpati den Bedingungen zu und war damit als erste Nonne (bhikkhunī) in den buddhistischen Orden aufgenommen.

Was war die Botschaft des Buddha? Was war an seiner Lehre so überzeugend, daß ihr die Menschen in so großer Zahl zuströmten?

Nie zuvor hatte ein Lehrer die Leidhaftigkeit allen Daseins so klar formuliert wie der Buddha, und nie zuvor hatte einer dem Glauben an eine Ewigkeit so überzeugend widersprochen. Schon in der ersten Lehrrede vor den fünf Asketen im Wildpark Isipatana bei Benares hatte er in der *Wahrheit vom Leiden* festgestellt: Alles ist leidhaft – Geburt, Altern, Krankheit und Tod; die Erlebnisse Kummer und Schmerz; die Nähe von Verabscheutem, das Getrenntsein von Liebem und das vergebliche Wünschen. Mag der Person als dem Brennpunkt aller Erfahrung zuweilen auch Angenehmes und Freudiges zustoßen: Freude und Glück sind nur episodische Phänomene in einer langen Reihe von Plagen.

In anderen Lehrreden gießt er diese Einsicht in die Formel von den »Drei Merkmalen« (tilakkhaṇa). Der Mensch und die Welt sind a) unbeständig, b) leidhaft und c) ohne (dauerhafte) Seele. Jede Feststellung ist eine Folgerung aus der vorhergehenden.

a) Alle vorbuddhistischen indischen Systeme, ausgenommen die Materialisten, hatten irgendwo in der Welt oder im Menschen ein Ewiges angenommen. Der vedische Opferkult hatte in den Mittelpunkt seines Denkens die zeitlosen Götter gestellt, denen Opfer darzubringen seien, damit sie die Weltharmonie aufrechterhielten. Die Upaniṣaden, die Siddhattha bei dem Lehrer Uddaka Rāmaputta studiert hatte, sahen die Seele (Skt: ātman) als unsterblich und als Teil der Weltseele (Skt: brahman) an. Auch Mahāvīra, der mit dem Buddha zeitgenössische Gründer des

Jainismus, verstand die Seele als ewig und lehrte seine Anhänger, sie von karmischer Umkrustung zu befreien und zwecks Erlösung ihre ursprüngliche Reinheit wiederherzustellen. Der Buddha widersprach allen diesen Auffassungen mit großem Nachdruck. Nichts ist dauerhaft und verläßlich, so erklärte er: Nirgendwo ist Ewigkeit. Alles wandelt sich, alles vergeht und entsteht wieder in anderer Form. Wir selbst und die Welt sind ohne ein beharrendes Substrat. Das Strömen von Erscheinungen macht das aus, was wir Leben nennen.

b) Leidfrei kann nach dem Verständnis des Buddha nur sein, was beständig ist. Nichts aber in der Welt erfüllt diesen Anspruch. Unser Dasein, eingeschlossen die gelegentlichen angenehmen Erlebnisse, ist daher pauschal als leidhaft zu werten. Jeder weiß, daß das Leben Leiden *mit sich bringt*. Die Botschaft des Buddha aber dringt tiefer und zeigt, daß Leben Leiden *ist*. Leiden (dukkha) ist im Buddhismus ein Ausdruck für den Zustand der Unerlöstheit, für das Verbleiben im Kreislauf der Wiedergeburt.

c) Da in der Welt nichts ewig ist, am allerwenigsten wir selbst, ist es naheliegend, daß nichts in uns eine Seele darstellt. Freilich vollzieht sich in unserem Inneren ein Seelenleben in Gestalt von Gefühlsregungen und Ichbewußtsein, aber es gibt in der empirischen Person nichts Ewiges, das den Tod überdauert und somit als Seele bezeichnet werden könnte. Alle Wesen, der Mensch inbegriffen, sind in buddhistischer Ausdrucksweise »nicht ein Selbst« oder »ohne Seele« (anatta).

Unsere Vergänglichkeit wäre weniger bedrückend, wenn mit dem Tode auch das Leiden enden würde. Das aber ist nicht der Fall. Alle Wesen unterliegen nach indischer Überzeugung der Wiedergeburt, in der die Mühsal des Daseins sich wiederholt und das Leiden sich fortsetzt. Die Wiedergeburt, das Neuerstehen in anderer Existenzform, ist ein Naturgesetz und deshalb ein Zwang, dem jeder unterworfen ist, auch wenn er von der Lehre des Buddha nie gehört hat. Vom Wiedererstehen frei zu werden kann nur dem gelingen, der die Mechanik der Wiedergeburt durchschaut und sie zur Erlösung nutzt.

Die Leugnung einer ewigen Seele hat schon die Zeitgenossen des Buddha irritiert. Wie kann Gotama, so fragten sie, behaupten, die Wesen unterlägen der Wiedergeburt, wenn er nicht eine den Tod überdauernde Seele annimmt? Wie kann es eine karmische Auswirkung der Taten geben ohne eine Seele als Subjekt der Wiedergeburt? Wer wird wiedergeboren, wenn nicht eine unvergängliche Seele?

In der Tat, so erwidert der Buddha darauf, vollzieht sich die Wiedergeburt ohne Seele und Seelenwanderung, nämlich als »Bedingtes Entstehen« (paṭiccasamuppāda). Keine Seele, nichts Dauerhaftes wechselt beim Tode eines Menschen in die nächste Existenzform über. Vielmehr bedingt die Vorexistenz die Nachexistenz: Sie gibt den Impuls für deren Zustandekommen. Die Nachexistenz ist mit der Vorexistenz weder voll identisch (da ein Seelenband fehlt), noch ist sie von ihr unabhängig (da sie ja von ihr bedingt ist). Die Wahrheit liegt in der Mitte dazwischen.

Der graphische Vergleich macht den Unterschied zwischen hinduistischer und buddhistischer Wiedergeburtsvorstellung deutlich. Im Hinduismus durchzieht die Seele die Reihe von Wiedergeburten wie die Seidenschnur ein Perlenband. Mit Recht kann man im Hinduismus von Seelenwanderung sprechen:

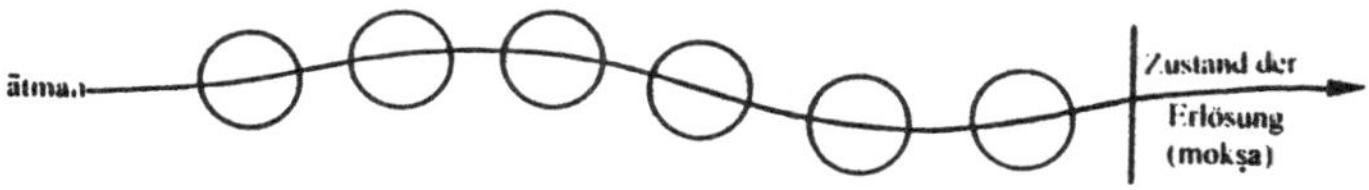

Im Buddhismus fehlt das Seelenband und nur die Impulse, die – zusätzlich zur Zeugung – in einer Mutter das neue Lebewesen bewirken, stellen zwischen Vor- und Nachexistenz Verwandtschaft her:

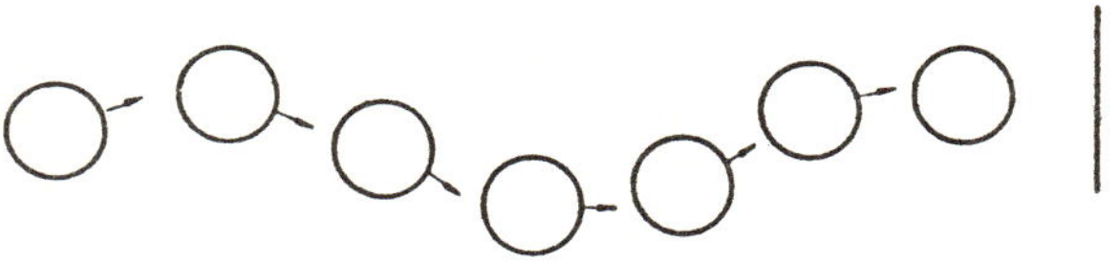

Der Buddha lehrt Wiedergeburt ohne Seelenwanderung.

Und er lehrt die Auswirkung des Tuns auf den Täter. Denn die Vorexistenz bedingt nicht nur ihre Nachexistenz, sie bestimmt auch deren Qualität. Jeder kann sich durch gutes Tun eine bessere Existenzform im nächsten Leben erarbeiten. Gutes Handeln (kamma), oder genauer gute Tatabsichten (saṅkhāra), führen naturgesetzlich zu besserer Wiedergeburt, schlechtes Tun und schlechte Tatabsichten führen zu schlechterer Existenzform. Durch eigene Anstrengung ist es möglich, auf der kammischen Leiter höherzuklettern.

Allerdings ist auch die beste Wiedergeburt noch keine Erlösung. Sogar wer als ein Gott wiedergeboren wird, ist vom Zwang zu weiterer Wiedergeburt nicht befreit, denn die Götterwelt liegt innerhalb des Wiedergeburtenkreislaufs (saṃsāra). Der Buddhismus unterscheidet fünf, manchmal sechs Bereiche (gati), in denen ein Wesen je nach seinem Kamma wiedergeboren werden kann. In keinem der fünf oder sechs Bereiche ist der Aufenthalt ewig.

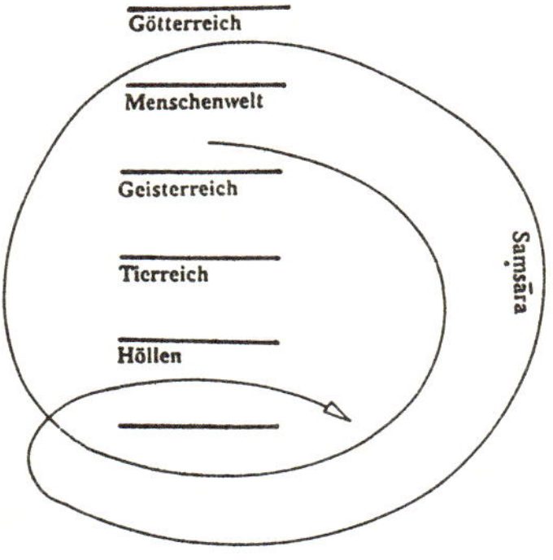

Erlösung ist das Ausscheiden aus dem Geburtenkreislauf, der Zustand, daß Soll und Haben auf dem kammischen Konto ausgeglichen sind. Wer kein altes Kamma mehr abzugelten hat und keine neuen Wiedergeburtsimpulse mehr schafft, der ist frei von weiterem Geborenwerden und hat das Nibbāna verwirklicht.

Auf die Frage, was den Kreislauf der Wiedergeburt in Gang hält, antwortet die zweite Wahrheit des Buddha, die *Wahrheit vom Ursprung des Leidens.* Es ist die Gier (taṇhā), die an die Wiedergeburt fesselt; in späterer Kodifizierung sind es Gier, Haß und Unwissenheit. Aus dem Einfluß der Gier auf unser Tun und Denken entsteht der Zwang zu neuer Existenz.

Da es die Gier ist, die die Wiedergeburt antreibt, ergibt sich, daß die Überwindung der Gier zur Aufhebung der Wiedergeburt führt. Dies ist denn auch der Inhalt der dritten Wahrheit des Buddha, der *Wahrheit von der Aufhebung des Leidens.* Die Methode, wie die Gier überwunden wird, ist in der vierten Wahrheit beschrieben, der *Wahrheit vom Wege zur Aufhebung des Leidens.* Es ist der Achtfache Weg der Selbstdisziplin, der Gier, Haß und Unwissenheit vermindert und schließlich aufhebt. Das kann mehrere oder viele Wiedergeburten dauern, aber am schließlichen Erfolg ist, dem Buddha zufolge, nicht zu zweifeln. Die Überzeugung, daß jeder, der sich darum bemüht, die Erlösung irgendwann verwirklicht, gibt dem Buddhismus die frohgemute Grundstimmung, die bei vielen Buddhisten zu spüren ist.

1. Die erste Forderung des ethischen Achtweges ist die nach *rechter Ansicht.* Sie besteht in der Gewißheit, daß »eine Seele nicht mein (und) was entsteht ... (und) vergeht nur Leiden ist« (S 12,15,6). Wer von der Nicht-Seelenhaftigkeit überzeugt ist, hat bereits einen großen Schritt zur Leidensüberwindung getan, denn was könnte den erschüttern, der weiß, daß kein Geschehen »ihn« betrifft?

2. Unter *rechtem Entschluß* wird die Absicht verstanden, den Verlockungen der Welt zu widerstehen, zu allen Wesen Wohlwollen zu hegen und niemandem zu schaden.

3. *Rechte Rede* wird definiert als Rede, die nicht aus Lüge, Klatsch, Schmähung und Geschwätz besteht und nur solche Themen behandelt, durch die beim Zuhörer die guten Geistesinhalte zunehmen.

4. *Rechtes Verhalten* bedeutet Unterlassen vom Töten, vom Nehmen ungegebener Dinge und von Ausschweifungen. In tropischen Ländern, wo Moskitos, Fliegen und Blutegel einem Menschen sehr zusetzen können, verlangt die konsequente Einhaltung der Nichttötungsregel erhebliche Selbstkontrolle.

5. *Rechter Lebensunterhalt* heißt, einem Broterwerb nachzugehen, der anderen kein Leid verursacht. Fünf Arten von Handel hat ein Buddhist nicht zu betreiben: Handel mit Waffen, mit lebenden Wesen, mit Fleisch, mit berauschenden Getränken und mit Giften (A 5,177). Daneben gibt es mehrere Handwerke, die mit rechtem Lebensunterhalt unvereinbar sind, nämlich Schlächter, Vogelfänger, Wildsteller, Jäger, Fischer, Räuber, Henker und Kerkermeister (M 51; 9 I p. 343). Tätigkeiten dieser Art werden in den buddhistischen Ländern Südostasiens zumeist von Muslims oder Christen ausgeübt.

Lebenserfahrung verraten Gotamas Äußerungen zur rechten Lebensführung im Erwerbsleben. Vier Dinge, so erklärt er, führen zum weltlichen Wohlbefinden: berufliche Tüchtigkeit, Schutz des Eigentums vor Verlust, Umgang mit tugendhaften Menschen und Lebenszuschnitt nach der Höhe des Einkommens (A 8,54). Zur zweckmäßigen Einteilung der Einkünfte rät er, ein Viertel für den Lebensunterhalt, die Hälfte für geschäftliche Unternehmungen und das weitere Viertel für Rücklagen zu verwenden (D 31; 26 II p. 188).

6. *Rechte Anstrengung* bedeutet, sich um die Abwehr unheilsamer und um die Erzeugung heilsamer, d. h. kam-

misch aufwärts führender Geistesinhalte zu bemühen. Ihre wichtigste Übung ist die Bewachung der Sinnestore. Darunter wird verstanden, daß man Eindrücke aufnimmt, ohne aus ihnen Emotionen entstehen zu lassen. Die Übung soll zu wertungsfreier und gleichmütiger Wahrnehmung führen.

7. *Die rechte Achtsamkeit* oder Bewußtheit hat den Zweck, alle Verrichtungen und inneren Abläufe ins Licht des Bewußtseins zu heben und den flatterhaften Geist unter Kontrolle zu bringen. Sie ist eng verwandt mit dem

8. und letzten Glied des Achtweges, der *rechten Meditation.* Bei den Meditationen werden zwei Grundtypen unterschieden: solche, die zur Erkenntnis (vipassanā) und solche, die zur Beruhigung (samatha) führen.

Die Regeln des Achtweges sind positiv, d.h. als Verhaltensempfehlungen formuliert. Daneben gibt es eine Liste von fünf zu vermeidenden Handlungen. Zu unterlassen sind 1. das Töten von Lebewesen, 2. das Stehlen, 3. Sexualverkehr außerhalb der gesellschaftlichen Konventionen, 4. Lüge und Geschwätz sowie 5. die Beeinträchtigung der Besonnenheit durch Rauschmittel. Für die Mönche gilt totale sexuelle Enthaltung. Alle diese Weisungen und Negativregeln dienen dazu, die zur Wiedergeburt treibenden Kräfte Gier, Haß und Unwissenheit aufzuheben, um erlöst zu werden. Ein Vers der Spruchsammlung Dhammapada, »Pfad zur Wahrheit«, faßt die buddhistische Ethik in vier Zeilen zusammen:

Von allem Bösen abzustehn,
das Heilsame zu mehren,
auf Läuterung des Geist's zu sehn:
Das ist's, was Buddhas lehren. (Dhp 183)

Ob ein Bekenner das philosophische System des Buddhismus durchschaut oder nicht – vorrangig für seine Erlösung ist, daß er Gier und Haß bekämpft. Die Bemühung um

Selbstkontrolle macht den Buddhisten aus. Die Lehre des Buddha ist zugleich Dhamma, d.h. (offenbarte) »Wahrheit«, und Sāsana, d.h. »Weisung« für ein gezügeltes Verhalten.

Wie sieht der Heilszustand des Erlösten aus? Wie hat man sich das Nibbāna (Skt: nirvāṇa) vorzustellen?

Nibbāna heißt »Verlöschen«, ist aber nicht gleichbedeutend mit dem Tode des Erlösten. Der Buddha verwirklichte das Nibbāna mit seiner Erleuchtung (bodhi) im Alter von 35 Jahren. Er starb als Achtzigjähriger, hat also zu Lebzeiten 45 Jahre im Nibbāna verbracht. Er war in diesem Zustand nicht frei von äußeren Gefährdungen und physischer Anfälligkeit, die sich als Kamma-Reste noch an ihm auswirkten, wohl aber frei von Gier, Haß und Unwissenheit und somit vom Zwang zur Wiedergeburt. Als er 483 v.Chr. starb, ging er ins Parinibbāna ein, ins »Rundum-Erlöschen«, das auch den Körper aufhebt und den Erlösten unerreichbar macht. Es gibt deshalb im frühen Buddhismus kein Gebet zum Buddha, sondern nur die Verehrung des großen Lehrers.

Die Nibbāna-Vorstellung hängt eng mit der Seelen-Idee zusammen. Religionen, die eine ewige Seele behaupten, sind gezwungen, die Fortdauer der Seele auch beim Erlösten anzunehmen und für die erlösten Seelen ein Paradies oder einen anderen Aufenthaltsort einzurichten. Der Buddhismus, der die Nichtexistenz einer ewigen Seele lehrt, war derartigen Spekulationen enthoben. Über den Erlösten nach dem Tode läßt sich nur sagen, daß alle Körperbestandteile (khandha) bei ihm annulliert sind ohne die Möglichkeit, je wieder in anderer Form zu entstehen. Beim Vollerlösten sind

Zerfalln der Leib, Empfindungen vernichtet,
und alle Wahrnehmungen hingeschwunden,
nicht gibt es mehr die Absichten (zu Taten),
und das Bewußtsein hat zur Ruh' gefunden. (Ud 8,9)

Er ist verloschen wie der vom Hammer des Schmiedes wegspringende Funke:

> Der Funke, der vom Schmiedehammer sprang,
> und, eben glühend noch, allmählich schwindet:
> Wo ist er jetzt ? – Genauso unerkennbar
> sind jene auch, die keine Lust mehr bindet:
> Die Vollerlösten, die der Flut entronnen
> und unerschütterliches Glück* gewonnen.
>
> (Ud 8,10)

Unsere Sprache, die eine Sprache der Endlichkeit ist, versagt vor der Unendlichkeit der Erlösung.

Soweit die Lehre des Buddha, wie sie sich aus dem Pāli-Kanon ergibt.

Die 45 Jahre von Gotamas Missionstätigkeit lassen sich einteilen in die Phasen des Sieges, der Konsolidierung und der Lebensneige.

Die erste Phase war voll der Triumphe. Strahlend vom Erlebnis der Erleuchtung, selbstbewußt in der Überzeugung, den Schlüssel zur Erlösung vom Leiden in der Hand zu halten, legte Gotama Königen und Asketen, Bürgern und Bauern die Lehre dar. Er »gab ihnen durch seine Lehrdarlegung Richtung, machte sie (die Belehrung) annehmen, begeisterte sie und schuf in ihnen Zufriedenheit«, heißt es im Kanon. Er kam als Anbieter eines Erlösungsweges, nicht als feuriger Redner. Weder war er ein Prophet, der mit Verdammnis drohte, noch ein Reformator, der Bestehendes umstürzen wollte. Im Gegenteil: Jedes Engagement in der Welt galt ihm als Verstrickung in die Welt. Die Gesellschaft als Ganzes und ihre sozialen Gegebenheiten erschienen ihm nicht beeinflußbar, da sie sich aus dem Naturgesetz der Tatkausalität ergeben:

* sukha.

Die Wesen sind Besitzer ihrer Taten (kamma), Erben ihrer Taten... Das Tun teilt die Wesen in geringe und höhere (Wiedergeburtsformen und Kasten).

(M 135; 4 III p. 203)

Die zweite und längste Missionsphase war die der Bestandssicherung. Der Buddha war als eines der führenden Schulhäupter seiner Zeit anerkannt, die beiden größten Könige Nordindiens waren ihm wohlgesonnen, Wohnhaine und Klöster standen ihm und dem Orden zur Verfügung. Es drängte ihn nicht mehr, neuen, aber voraussetzungslosen Hörern die Lehre darzulegen; lieber überließ er dies seinen Mönchen, unter denen es hervorragende Dhamma-Interpreten gab. Er zog es vor, Lehrreden nur noch auf Aufforderung und vor gehobenem Hörerkreis zu halten. Gern sprach er vor den Mönchen, denn er wußte, daß sie es sein würden, die seine Lehre an die nächste Generation weiterreichen. Wenn jemand die Lehre ablehnte, blieb er gelassen. Wenn aber einer der Mönche sie fehlinterpretierte, stellte er ihn zur Rede und schreckte nicht davor zurück, ihn als »Dummkopf« (moghapurisa) zu tadeln.

Etwa vom 60. Lebensjahr ab machten ihm Krankheiten zu schaffen. Ein Rückgratleiden, wahrscheinlich ein Bandscheibenvorfall, hinderte ihn daran, lange zu stehen. Wenn er sich setzte, lehnte er sich gegen eine Wand oder Säule. Mehrfach geschah es, daß er eine Lehransprache vor Schmerzen nicht fortsetzen konnte und seine Meisterjünger Sāriputta, Moggallāna, Mahākassapa oder den treuen Begleiter Ānanda bat, die Belehrung zu Ende zu führen.

Unerfreuliche Entwicklungen brachte sein letztes Lehrjahrzehnt, die Phase seiner Lebensneige.

Devadatta, ein Vetter und zugleich der Schwager des Buddha und Mönch in seinem Orden, dieser Devadatta glaubte, daß der Meister, jetzt 70 Jahre alt, die Leitung des Ordens in andere Hände geben sollte. Eines Tages trat er vor den Buddha hin und schlug ihm vor, ihm, dem Devadatta, die Leitung des Saṅgha zu übertragen. Mit ungewöhnlicher Schroffheit wies der Buddha den Vorschlag ab.

Um sein Ziel dennoch zu erreichen, bediente sich Devadatta des Prinzen Ajātasattu, des Sohnes des Magadha-Königs Bimbisāra. Er hetzte ihn auf, seinen Vater zu ermorden, um die Herrschaft über Magadha selbst zu übernehmen. Zwar wurde das Attentat in letzter Minute vereitelt, aber König Bimbisāra war von der Vorahnung weiterer Mordanschläge so geängstigt, daß er zugunsten seines Sohnes abdankte. Ajātasattu, von solcher Nachgiebigkeit ungerührt, ließ seinen Vater ins Verlies werfen und dort verhungern.

Zum Mahārāja geworden gab Ajātasattu dem Devadatta freie Hand, auch seine Interessen durchzusetzen. Devadatta stiftete darauf drei Attentate auf den Buddha an: Er schickte ihm einen Soldaten entgegen, der den Meister mit dem Schwert erschlagen sollte; er ließ an einem Berghang Felsbrocken auf ihn herabrollen; und er ließ in einer engen Gasse von Rājagaha einen rasenden Elefanten gegen ihn los. Alle Anschläge mißlangen. Auch Devadattas Versuch, den Orden zu spalten und die Leitung des einen Teils zu übernehmen, schlug fehl. Wahrscheinlich hätte er noch weiter intrigiert, hätte sein Tod dem nicht ein Ende gesetzt.

Mit Ajātasattu als neuem Mahārāja an der Spitze brach im Königreich Magadha ein neues Zeitalter an, denn der junge Herrscher hatte Kriegspläne. Er schuf eine starke Armee und verlegte die Hauptstadt seines Reiches von Rājagaha weg an den Ganges nach Pāṭaliputta (Patna), das er zur Festung ausbaute. Der Buddha beobachtete die Kriegsvorbereitungen mit Besorgnis.

Wie in Magadha, so trat auch nördlich des Ganges im Königreich Kosala ein Herrscherwechsel ein. Durch den Verrat eines Generals, der einen Groll gegen den Kosala-König Pasenadi hegte, kam dessen Sohn Viḍūḍabha auf den Thron. Sofort nutzte dieser seine Macht, um einen Racheplan gegen die Sakyas auszuführen. Er hatte nämlich erfahren, daß die Sakyas seinem Vater vor Jahrzehnten ein gemischtkastiges Mädchen als Braut gesandt hatten, das dann seine, Viḍūḍabhas, Mutter geworden war; für diesen Betrug wollte er die Sakyas strafen. Mit seinem Heer rückte Viḍūḍabha gegen Kapilavatthu, die Heimatstadt des Buddha, vor, tötete die Bewohner und setzte die Häuser in Brand. Der Sakya-Klan und die Familie Gotama, der der Buddha entstammte, spielten fortan keine historische Rolle mehr.

Der Pāli-Kanon schildert das letzte Lebensjahr des Buddha detailreich und bewegend.

Während der letzten Regenzeit seines achtzigjährigen Lebens, so ist überliefert, war der Meister schwer erkrankt, bezwang die Krankheit aber durch seinen Willen. Als sein Begleitmönch Ānanda vermutete, er habe wohl nicht von hinnen gehen wollen ohne eine Bestimmung über den Mönchsorden zu treffen, erwiderte der Buddha:

> Wieso, Ānanda, erwartet der Mönchsorden das von mir? Ich habe die Lehre dargelegt ohne ein Innen und Außen zu unterscheiden, (denn) in der Lehre des Vollendeten gibt es nicht die geschlossene Faust des Lehrers (der gewisse Wahrheiten als Geheimwissen zurückhält) ... Ich bin jetzt alt, in der Neige meiner Jahre, ein Greis, meine (Lebens-)Reise geht zu Ende: Achtzig Jahre werde ich alt. Wie ein abgenutzter Karren nur noch mit Hilfe von Riemen funktionsfähig ist, so ist mein Körper nur noch mit Bandagen funktionsfähig ... Darum, Ānanda, seid (von nun an) euch selbst eine Insel, euch selbst eine Zuflucht, sucht keine andere Zuflucht! ... Jene Mönche, die ... in sich selbst und in der Lehre Insel und Zuflucht finden, diese eifrigen sind (wahrlich) *meine* Mönche und überwinden die Dunkelheit der Wiedergeburt. (D 16,2,25 f. gerafft)

Nicht einen Lehrer, sondern die Lehre ernannte der Buddha damit zum künftigen Führer des Ordens. Einige Zeit später war er imstande, weiterzuwandern. In kleinen Tagesmärschen ging es nach Nordwesten. Wahrscheinlich wollte er in einem Kloster bei Sāvatthi den Tod erwarten.

In Pāvā, einem winzigen Ort, lud der Schmied Cunda den Buddha mit seinen Begleitern zur Morgenmahlzeit ein. Um dem ehrwürdigen Gast etwas Besonderes vorzusetzen, hatte Cunda neben anderen Speisen »Eberweich« (sūkaramaddava) zubereiten lassen. Über die Natur dieses Gerichtes ist bisher keine Klarheit erzielt worden; jedenfalls erwies es sich als unverträglich. Der Buddha erkrankte an Dysenterie und wurde von quälenden Koliken befallen. Trotzdem schleppte er sich weiter bis nach Kusināra, wo Ānanda ihm unter Sāla-Bäumen ein Lager bereitete. Er hatte keinen Zweifel, daß er sich von dieser Stelle nicht mehr erheben werde. Mit klarem Kopf gab er Ānanda Anweisung, wie mit seinem Leichnam zu verfahren sei: Die Bhikkhus sollten sich um seine Beisetzung nicht kümmern, sondern allein um ihre Erlösung bemüht sein; es gebe genug Leute, die an den Vollendeten glauben – sie würden das Notwendige schon besorgen (D 16,5,10).

Etwaigen Ansprüchen eines Mönchs auf die Leitung des Ordens vorzubeugen war dem Buddha so wichtig, daß er kurz vor seinem Sterben noch einmal die Leitfunktion der Lehre für den Saṅgha betonte:

> Ānanda, es könnte euch der Gedanke kommen: ›Mit dem Tode des Meisters ist sein Wort vergangen, wir haben keinen Meister mehr.‹ Aber so dürft ihr es nicht ansehen, Ānanda. Die Lehre (dhamma) und die Ordenszucht (vinaya), die ich euch dargelegt und erläutert habe, die sind nach meinem Tode euer Meister. (D 16,6,1)

Dies setzte voraus, daß keine Unklarheiten blieben, die zu Auslegungsdifferenzen führen konnten. Der Buddha gab deshalb den Mönchen eine letzte Gelegenheit, ihm Fragen zu stellen:

> Vielleicht, Mönche, hat einer von euch noch einen Zweifel oder eine Wissenslücke bezüglich des Buddha oder des Dhamma oder des Saṅgha, bezüglich des (Achtfachen) Weges oder der Methode (zur Verwirklichung der Erlösung). Fragt mich, Mönche, damit ihr euch später nicht vorwerft: ›Wir saßen dem Meister gegenüber, doch wir brachten es nicht fertig, ihn persönlich zu fragen.‹ (D 16,6,5)

Aber die Bhikkhus blieben stumm. Da bat der Buddha sie, falls sie aus Respekt vor ihm nicht zu sprechen wagten, ihre Frage einem befreundeten Mönch anzuvertrauen, aber wiederum verharrten sie in Schweigen. Es gab keine Unklarheiten mehr. Die Nacht war weit vorgerückt, als der sterbende Lehrer die Bhikkhus noch einmal ansprach:

> Nun denn, Mönche, ich beschwöre euch: Die Persönlichkeitsbestandteile (saṅkhāra) unterliegen dem Gesetz der Vergänglichkeit. Bemüht euch angestrengt! (D 16,6,7)

Das war des Buddha letztes Wort. Darauf fiel er in ein Koma, und ohne das Bewußtsein wiedererlangt zu haben, ging der Achtzigjährige ins Parinibbāna ein, in den Zustand der Leidenserlöstheit nach Ablegung des Körpers. (D 16,6,8–9) Die Mehrheit der älteren Indienhistoriker datiert das Ereignis auf das Jahr 483 v. Chr.

Der kanonische Bericht über die Einäscherung vermittelt den Eindruck der Desorganisation. Da die kleine Mönchsgruppe am Sterbeort des Meisters von ihm Weisung bekommen hatte, die Beisetzung den Laienbekennern zu überlassen, fühlte sich niemand wirklich verantwortlich. Erst als der Seniormönch Mahākassapa, ein alter Freund des Verstorbenen, am siebten Tage nach dem Tode des Buddha in Kusināra eintraf, wurde der Scheiterhaufen in Brand gesetzt. (D 16,6,22) Später wurden die Restglut

gelöscht und die Knochenüberreste an acht Adelsgeschlechter zur Beisetzung in ihren Hauptstädten verteilt. Ein neunter Stūpa (Grabhügel) entstand über dem Tongefäß, in dem nach der Einäscherung die Knochenreliquien eingesammelt worden waren, ein zehnter über der Holzasche des Scheiterhaufens. (D 16,6,23–27)

Eine Reliquienurne des Buddha ist 1898 entdeckt worden: In einem Stūpa bei Kapilavatthu II (Piprahvā), der Stadt, die die Überlebenden des Massakers des Mahārāja Viḍūḍabha 16 Kilometer vom verbrannten Kapilavatthu I entfernt neu gegründet hatten. Die Urne, in Kugelform, ist aus Speckstein gedrechselt und 153 mm hoch. Sie trägt auf dem Deckel in unbeholfener Brahmī-Schrift den Text: »Diese Urne mit Reliquien des erhabenen Buddha aus dem Sakya(-Klan) ist die Stiftung des Sukiti und seiner Brüder mitsamt Schwestern, Söhnen und Frauen.« Die Urne befindet sich heute im *Indian Museum* in Kalkutta. Sie wird von den Museumsbesuchern wenig beachtet, denn der große Sohn Indiens, der so vielen Millionen Menschen Asiens Trost gespendet hat wie kein zweiter, ist im Lande seiner Geburt fast vergessen.

Vom Frühbuddhismus zum Mahāyāna: Die Philosophie der Leerheit*

Siddhattha Gotama, der spätere Buddha, war 29 Jahre alt, als er seine Familie in Kapilavatthu verließ, um als besitzloser Wanderasket die Erlösung zu suchen. Nach langem Marsch überquerte er den Ganges nach Süden und schloß sich bei Rājagaha dem Lehrer Āḷāra Kālāma an. Āḷāras Lehre enttäuschte ihn jedoch, und bald verließ er ihn wieder, um bei einem zweiten Lehrer, Uddaka Rāmaputta, profundere Unterweisung zu suchen. Aber auch Uddakas Lehre genügte ihm nicht, und so wandte er sich auch von ihm ab. Fünf Jahre später hatte er beim heutigen Bodh Gayā das Einsichtserlebnis, das aus dem Sucher einen Buddha, einen »Erleuchteten« und Erlösten, machte.

Die Buddhismusforschung behandelt die beiden früheren Lehrer des Buddha nur beiläufig und erachtet ihre Auffassungen für die Entwicklung des buddhistischen Systems als unbedeutend. Das sind sie jedoch keineswegs, und es lohnt sich, den Andeutungen des Pāli-Kanons über die Lehrinhalte Āḷāras und Uddakas nachzugehen.

Über Āḷāra berichtet der Buddha (in M 26; 15 I p. 164), er habe einst bei ihm Tiefenmeditation betrieben. Ergänzend teilt der ehemalige Āḷāra-Schüler Pukkusa (in D 16,4,27) mit, Āḷāra habe einmal bei vollem Bewußtsein unter einem Baum gesessen und dabei fünfhundert dicht an ihm vorbeifahrende Ochsenkarren nicht wahrgenommen (so sehr sei

* Die Terminologie in diesem Kapitel entspricht den jeweiligen Quellen. Begriffe des Theravāda-Buddhismus werden in Pāli, Begriffe des Mahāyāna-Buddhismus in Sanskrit wiedergegeben.

seine Konzentration nach innen gekehrt gewesen). Āḷāra scheint demnach eine Frühform des Yoga vertreten zu haben. Unter Āḷāra lernte Gotama das Meditieren.

Mehr philosophischer Art war die Lehre des Uddaka Rāmaputta. Uddaka, so sagt der Buddha (D 29,16), habe seinen Schülern öfter erklärt, (der gewöhnliche Mensch) sehe und sehe doch nicht, und zur Illustration habe er auf ein scharfes Rasiermesser verwiesen, bei dem zwar die Klinge erkennbar ist, nicht aber (ihrer Feinheit wegen) die Schneide. Dem Kenner der Upaniṣaden fällt die Parallelität dieses Gleichnisses zur Chāndogya-Upaniṣad (6,12) auf, wo Uddālaka Āruṇi seinen Sohn Śvetaketu einen der winzigen Feigenkerne spalten läßt und ihm dann in der nicht mehr sichtbaren Feinheit die Essenz des Alls und der Seele (ātman) offenbart. Wir haben deshalb guten Grund anzunehmen, daß Gotama bei Uddaka Rāmaputta in die Lehren der Upaniṣaden eingeführt wurde. Zumindest die Bṛhadāraṇyaka- und die Chāndogya-Upaniṣad waren ihm bekannt.

Denn wenn er auch als Schüler des Uddaka die upaniṣadischen Auffassungen enttäuschend fand: Später, zur Buddhaschaft erwacht, übernahm er Elemente der Upaniṣaden in sein eigenes System, zu anderen stellte er negierende Gegenthesen auf. Er machte kein Geheimnis aus der Übernahme fremder Gedanken und erklärte wiederholt, daß Weisheit drei Quellen habe, nämlich eigenes Nachdenken, Hören (d. h. Belehrung durch andere) und Kontemplation. (D 33,1,10,43)

Belehrung durch andere verrät die Erleuchtung des Buddha, wie sie im Pāli-Kanon (M 36; 38–42 I p. 247f.) beschrieben ist. Die Erleuchtung besteht aus drei Aha-Erlebnissen:

1. Einsicht, daß die Wesen der Wiedergeburt unterliegen und zahllose Vorexistenzen durchlaufen haben.
2. Erkenntnis, daß die Taten (kamma) die Qualität der

Wiedergeburt bestimmen und gutes Tun zu besserer, schlechtes Tun zu schlechterer Wiedergeburt führt.
3. Verständnis der Vier Wahrheiten, zumal der Tatsache, daß der Kreislauf der Wiedergeburt (saṃsāra) durch die Einflüsse (āsava) Lust (kāma), Daseinsgier und Unwissenheit in Gang gehalten wird und durch deren Vernichtung zur Ruhe kommt.

Alle drei Einsichten waren schon in vorbuddhistischer Zeit in den Upaniṣaden formuliert: Die Wiedergeburt in der Bṛhadāraṇyaka-Upaniṣad (4,4,3f.), die Karma-Lehre in der Chāndogya- (5,10,7) und der Bṛhadāraṇyaka-Upaniṣad (3,2,13; 4,4,5), und die Bedingtheit des Menschen durch die Lust (kāma) gleichfalls in der Bṛhadāraṇyaka (4,4,5). Wahrscheinlich hatte Gotama diese Texte als Schüler des Uddaka Rāmaputta kennengelernt, ihre Bedeutung aber erst Jahre später eingesehen.

Die buddhistische Welt feiert die Erleuchtung des Siddhattha Gotama als bahnbrechendes Ereignis, übersieht aber daneben die Denkleistung, die darin bestand, andere upaniṣadische Ideen als falsch zu durchschauen. Daß es leidfreie, unsterbliche, den Tod überdauernde Seelen (ātman) gebe (BāU 3,9,26; 4,4,22; 4,5,14), daß die Seelen mit der Weltseele (brahman) identisch seien (BāU 4,4,5; 4,4,25) und daß dieses Wissen zur Unsterblichkeit führe (BāU 4,5,15) – allen diesen upaniṣadischen Lehren trat der Buddha entgegen. Die Upaniṣaden unterstellen der Seele eine Ewigkeit, die es nach der Erkenntnis des Buddha weder diesseits noch jenseits der Welt geben kann. Im Jetavana-Hain bei Sāvatthi diskutierte er die Seelenlehre mit seinen Mönchen:

> Mönche, könntet ihr euch einen Besitz aneignen, der beständig, dauerhaft, ewig, von Anderswerden frei wäre und immer derselbe bliebe? Kennt ihr einen solchen Besitz?
> – Nein, Herr.

Gut, Mönche, auch ich kenne keinen solchen Besitz. Könntet ihr, Mönche, euch eine Seelentheorie (attavāda) zu eigen machen, aus der sich nicht Kummer, Jammer, Schmerz, Gram und Verzweiflung ergeben?
– Nein, Herr.
Gut, Mönche, auch ich kenne keine solche Seelenlehre. (...) Wenn es eine Seele (atta) gäbe, Mönche, gäbe es dann nicht auch etwas, das zur Seele gehört?
– Ja, Herr.
Oder wenn es etwas gäbe, das zur Seele gehört, gäbe es dann nicht auch eine Seele?
– Ja, Herr.
Da es aber nun weder eine Seele gibt noch etwas, das zur Seele gehört, ist dann nicht die (upaniṣadische) Theorie: ›Welt und Seele sind ein und dasselbe, nach dem Tode werde ich beständig, dauerhaft, ewig, von Anderswerden frei sein und ewig als derselbe weiterleben!‹ – ist diese Theorie dann nicht rundum eine Narrenlehre?
– Wahrhaftig, Herr, wie sollte das nicht rundum eine Narrenlehre sein. (M 22; 22–25 I p. 137f. gerafft)

Der Text läßt erkennen, daß der Buddha die markanteste These seiner Lehre, daß keine den Tod überdauernde Seele existiert, im Widerspruch gegen die Seelenlehre der Upaniṣaden entwickelt hat. Die Leugnung einer von Daseinsform zu Daseinsform überwandernden unsterblichen Seele ist das philosophische Kennzeichen des Buddhismus, das ihn von allen anderen Erlösungsreligionen unterscheidet.

Wenn Gotama behauptet, daß keine ewige Seele existiert, dann bestreitet er damit nicht die im Menschen ablaufenden psychisch-geistigen Vorgänge. Mehrere seiner Lehrreden befassen sich mit diesen Prozessen und empfehlen Methoden, sie zu kontrollieren. Was der Buddha ablehnt, ist der Glaube an die Existenz einer Seele, die den Tod des Körpers überlebt und sich einen neuen Leib anlegt wie ein Mensch neue Kleider (so BhG 2,22). Die Lehre des Buddha weist die Seelenwanderung als falsche Theorie zurück.

Aber sie lehrt Wiedergeburt und Kamma (Skt: karman). Unter dem Einfluß von Gier, Haß und Unwissenheit denken und handeln die Wesen so, daß sie der Wiedergeburt unterworfen bleiben. Jeder von uns ist das, was er sich durch sein Tun in der Vorexistenz selbst erarbeitet hat: Unser Körper ist »alte Tat, hervorgebracht durch Tatabsichten (abhisaṅkhatam), Zieldenken und Emotionen«. (S 12,37,3) Wir alle bestimmen unsere Zukunft selbst. Erlösung von der Wiedergeburt und Verwirklichung der Freiheit vom Leiden sind möglich durch die Vernichtung von Gier, Haß und Unwissenheit.

Viele Zeitgenossen des Buddha standen seiner Lehre mit Verwunderung gegenüber. (a) Wie ist es möglich, so fragten sie, zu empfinden und wahrzunehmen, ohne eine Seele als Subjekt der Wahrnehmung zu unterstellen? (b) Wie kann es eine durch Taten (kamma) gelenkte Wiedergeburt geben ohne eine überwandernde Seele, die sich durch die Wiedergeburten hindurchzieht wie die Schnur durch eine Blütengirlande? Wer erntet die kammischen Früchte der Vorexistenz, wenn nicht die Seele? – Der Buddha hat diese Fragen wiederholt beantwortet.

a) Vom Vorgang des Empfindens und Wahrnehmens auf ein Subjekt der Wahrnehmung zu schließen, so erläuterte er dem Mönch Moliya-Phagguna, ist falsch. Man hat nicht zu denken: »Ich empfinde«, sondern: »Es vollzieht sich ein Prozeß des Empfindens.« Empfinden und Wahrnehmen sind konditionierte Prozesse, denen keine Seele als Träger des Bewußtseinsvorgangs zugrunde liegt (S 12,12).

b) Als einen Prozeß erklärt der Buddha auch die Wiedergeburt ohne Seele. Die Wiedergeburt geschieht als »Bedingtes Entstehen« (paṭiccasamuppāda). Keine Seele wandert von der einen in die nächste Existenz über: Nur

Impulse werden weitergereicht. Es ist nicht derselbe, der seine Taten in der zukünftigen Existenz erntet, aber auch kein anderer (S 12,17,14), denn der Wiedergeborene ist mit seiner Vorexistenz weder identisch (da ein Seelenband fehlt), noch von ihr unabhängig (da er ja von ihr bedingt und durch ihre Taten kammisch bestimmt ist). Die Wahrheit, so erklärte der Buddha einem Brahmanen, liegt in der Mitte dazwischen (S 12,46).

Der Pāli-Kanon erläutert, wie sich die Wiedergeburt ohne Seele vollzieht. Damit ein Wesen zustande kommt, so heißt es dort (M 38; 26 I p. 265 f. + M 93; 18 II p. 157), müssen drei Dinge gegeben sein: Eine empfängnisbereite Mutter, ein Vater und ein Geist (gandhabba), das heißt (nach D 15,21) das Bewußtsein (viññāna) eines Sterbenden.

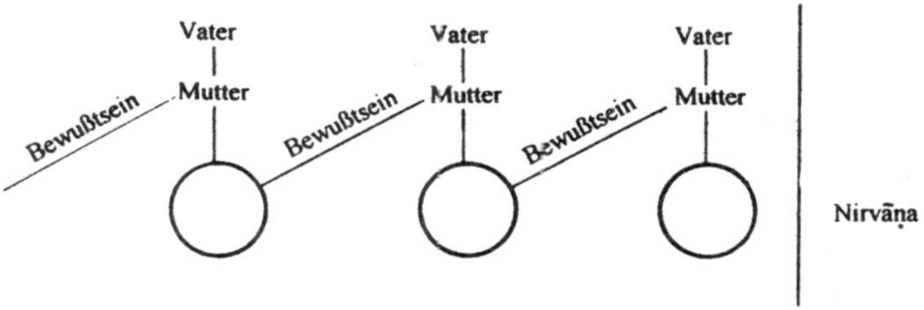

Nur wenn in die befruchtete Mutter auch das Bewußtsein eines Sterbenden eingeht, erwächst in der Mutter ein neues Wesen. Wohlgemerkt: Nicht in das Kind geht das Bewußtsein ein, sondern in die Mutter. Das Bewußtsein ist eine Nebenbedingung für die Schwangerschaft, geht aber nicht in das entstehende Kind über: Das Kind entwickelt später ein eigenes Bewußtsein. Mit aller Schärfe tadelte der Buddha den Mönch Sāti, der glaubte, das Bewußtsein wandere von dem Sterbenden in das neue Wesen über, sei also eine transmigrierende Seele. (M 38; 5 I p. 258)

Die Denker der Upaniṣaden hatten den (Skt.) ātman, die unvergängliche »Seele« entdeckt; der Buddha hielt diese Entdeckung für einen Irrtum und stellte der attraktiven, aber falschen Ātman-Theorie seine (P.) Anatta-Lehre, die

Lehre von der »Nicht-Seele«, entgegen. Sie ist die tragende Idee seines Systems, hat aber einen Nachteil: Sie ist eine Negation und deshalb als Lehrsatz schwer zu propagieren.* Zudem sind die zu ihrer Formulierung naheliegenden deutschen Ausdrücke mit abschätziger Bedeutung besetzt; weder das Substantiv »Seelenlosigkeit« noch das Adjektiv »seelenlos« ist zur Beschreibung der Anatta-Lehre geeignet. Die westlichen Buddhismus-Autoren pflegen das Pāli-Wort atta(n) deshalb nicht als »Seele«, sondern als »Selbst« oder »Ich« wiederzugeben und anatta als »Nicht-Selbst« oder »Nicht-Ich« zu übersetzen – sehr zu Lasten der philosophischen Klarheit.

Dem Buddha war der Nachteil der negativen These durchaus bewußt. Er ging deshalb dazu über, die Nichtexistenz einer unsterblichen Seele durch das Adjektiv »leer« (P: suñña) auszudrücken. Ein Mönch, der das geistige Anhaften überwunden und die erste Meditationsstufe erreicht hat, erkennt, daß die Fünf Komponenten (khandha) der Person »leer, nicht eine Seele« sind, erklärte er dem Jünger Ānanda. (M 64; 9 I p. 435) »Leer, das bedeutet (leer) von einer Seele und etwas zur Seele Gehörigem«, definiert eine weitere Stelle des Pāli-Kanons. (S 41,7)

Wie in der empirischen Person eine Seele fehlt, so gibt es auch in und hinter der Welt nichts Beständiges. Auch die Welt ist leer.

> Weil die Welt von einer Seele leer ist und leer von allem, was zu einer Seele gehört, darum heißt es: ›Leer ist die Welt‹ (S 35,85)

belehrt der Buddha den Ānanda. Und den Mönch Mogharāja ermahnt er durch die Dreizeilerstrophe:

* Dies empfanden auch die deutschen Buddhisten, als sie 1987 ihr gemeinsames Bekenntnis berieten. Die Lehre von der Nicht-Seele wurde in das Bekenntnis nicht aufgenommen.

Mit immer wachem Geist sieh diese Welt als leer.
Wenn Seelenglaube abgetan, dann ist damit der Tod besiegt.
Wer so die Welt betrachten kann, den kann der Todesgott nicht sehn. (Snip 1119)

Wer den Gedanken aufgegeben hat, es gebe eine den Tod überdauernde Seele, bei dem mindern sich Gier, Haß und Unwissenheit. Sobald er von diesen drei Verunreinigungen (P. kilesa) frei ist, hat er das Nibbāna erreicht und ist weiteren Toden und Geburten entronnen.

Der Buddha verwendete das Adjektiv »leer« (P. suñña) sparsam, und noch sparsamer ging er um mit dem Substantiv »Leerheit« (P. suññatā). »Leerheit« bezeichnet im frühen Buddhismus die Abwesenheit von Faktoren, die der Konzentration im Wege stehen. So bemerkt der Buddha zu Ānanda: »Wie schon früher weile ich jetzt oft in der Leerheit« (M 121; 3 III p. 104) und führt dann aus, wie man durch das Wegdenken von Störfaktoren in die »höchste, unübertreffliche Leerheit« eintritt. Es gelte, durch Nichtbeachtung der Erscheinungen und durch Konzentration in die innere Leerheit einzutreten und darin zu bleiben, heißt es in einem anderen Sutta (M 122; 7 III p. 111), und mehrfach betont der Pāli-Kanon, daß die Lehrtexte des Buddha von der Leerheit handeln. (A 2,5,6 [= 48]; S 20,7)

Der Mahāyāna-Buddhismus, dreihundert Jahre nach dem Tode des Buddha im letzten vorchristlichen Jahrhundert entstanden, stellt die Leerheit (Skt: śūnyatā) in den Vordergrund. Bereits im ältesten Mahāyānasūtra überhaupt, in der »Weisheitsvollkommenheit in achttausend (Ślokas*)« (Aṣṭasāhasrikā-Prajñāpāramitā), ist die Leerheits-Philosophie vollständig ausgebildet. Ihr Entstehen und ihre Konsequenzen lassen sich in fünf Denkschritten nachvollziehen.

---

* Der śloka ist ein Sanskrit-Metrum von 32 Silben. Die Silben sind zu 4 × 8 rhythmisch gebündelt.

Der frühe Buddhismus hatte bei der Welt zwei Bereiche unterschieden. Der größere Bereich ist der saṃsārische, das Feld der Wiedergeburt. Da in ihm alles durch Taten (P. kamma, Skt. karman), oder genauer: Tatabsichten (P. saṅkhāra, Skt. saṃskāra) bewirkt ist, nennt man ihn »(durch Tun) bedingt« (P. saṅkhata, Skt. saṃskṛta). Dies ist der Bereich der Unerlöstheit.

Ihm gegenüber steht der kleine Bereich der Erlösung, der nicht durch Tun, sondern im Gegenteil durch Aufhebung karmischer Bindungen erreicht wird. Dieser erlöste oder nirvāṇische Bereich ist »(durch Tatabsichten) nichtbedingt« (P. asaṅkhata, Skt. asaṃskṛta). Von beiden Bereichen, dem unerlösten und dem erlösten, wird gesagt, sie seien ohne eine Seele:

> Unbeständig sind alle Persönlichkeitsbestandteile (saṅkhāra), leidhaft, ohne Seele (anatta) und durch Tat(absicht)en bedingt (saṅkhata).
> Und auch Nibbāna ist ein Begriff ohne Seele, das ist gewiß. (Par 3,1 Vin V p. 86)

Das Mahāyāna folgert daraus: Wenn beide, Saṃsāra und Nirvāṇa, ohne Seele sind, dann sind sie beide leer und Leerheit – also sind sie identisch. In der Leerheit sehen die Mahāyānins die Klammer, die das karmisch Bedingte und das Nichtbedingte, Saṃsāra und Nirvāṇa, verbindet.

Frühbuddhismus:	Saṃsāra	Nirvāṇa
	ohne Seele	ohne Seele
Mahāyāna:	Leerheit	

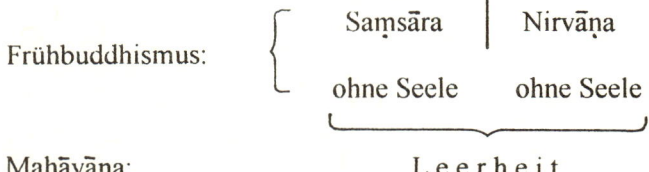

In der Leerheit als ihrem innersten Wesen sind Saṃsāra und Nirvāṇa ununterschieden und eins. Die Leerheit gilt deshalb im Mahāyāna als das Absolute (tattva), das man verstehen muß, um die Erlösung von der Wiedergeburt zu verwirklichen.

Der Versuch, das Absolute ahnbar zu machen, stellte die Mahāyānins vor sprachliche Probleme, denn da das Absolute = Leerheit zeichenlos (animitta) und mit der Sprache nicht erfaßbar (nirabhilapya) ist, galt es, zu seiner Darstellung neue Wege des Ausdrucks zu finden. Die Sūtras der »Weisheitsvollkommenheit« (Prajñāpāramitā) beschreiben das Absolute durch (a) Negationen, (b) durch Synonyme, die seine Funktion für die Welt und (c) für die Buddhas andeuten, und durch (d) die Darlegung der Art und Weise, wie der Heilssucher es in sich auffinden kann.

a) Die negative oder besser subtraktive Definition des Absoluten negiert die Qualitäten, die mit Absolutheit unvereinbar sind. So ist das Absolute, da neben ihm kein zweites Wesenhaftes existiert, »ohne Vielheit« (niṣprapañca) und »Nichtzweiheit« (advaya).

b) Positive Namen erhält die Leerheit, wenn ihre Funktion in der Welt aufgezeigt werden soll. Sie ist die »Eigennatur« oder »der wesenhafte Leib« (svabhāvakāya) der Wesen und Dinge, ihre »Wirklichkeit« (bhūtatā) oder »Soheit« (tathatā).

c) Als der Wesenskern der Buddhas ist die Leerheit deren »Buddhaheit« (buddhatā) oder »Buddhanatur« (buddhasvabhāva) und ihr »Dharmaleib« (dharmakāya).

d) Um die Leerheit als das Absolute zu begreifen, muß man auf dem Wege zur Erlösung bereits ein Stück vorangekommen sein, denn die Leerheit wird erst verständlich, wenn man die Leerheitshaltung entwickelt, d. h. den Geist von falschen Vorstellungen geleert hat. So entsteht »Vollkommenheit der Weisheit« (prajñāpāramitā) und »All-Wissenheit« (sarvajñatā).

Denkschritt zwei: Die Leerheit, d. h. das Absolute, ist kein Seiendes

Die Begeisterung, mit der die Mahāyānins vom »Absoluten« (tattva), von der Leerheit reden, könnte dazu verleiten, das Absolute doch als ein Seiendes anzusehen. Die Prajñāpāramitā-Bücher stellen klar, daß diese Auffassung abzulehnen ist. Das Absolute: das Nirvāṇa, die Soheit ist ein Nichtseiendes (abhāva). (AP 12 p. 135) Diese Feststellung ist wichtig, denn Kritiker könnten behaupten, die Vertreter der Leerheitslehre hätten die Leerheit als Wiedergeburtskontinuum an die Stelle der vom Buddha abgestrittenen Seele gesetzt. Die Leerheit ist im Mahāyāna nicht nur ein ontologischer Begriff, der das Wesen der Welt definiert, sondern mehr noch ein pädagogischer, der den in den Saṃsāra verkrallten Menschen die Erlösung im Loslassen ahnen läßt. Wer die Leerheit als ein positives Gut ansieht, der verhält sich wie ein Mann, dem ein Ladenbesitzer erklärt hat, daß er nichts zu verkaufen habe, und der nun dieses Nichts erwerben und nach Hause tragen möchte. Leerheit, richtig verstanden, kann niemals Objekt sein, da sie dann nicht mehr all-umgreifend und in allem vorhanden wäre.

Bereits die Pāli-Texte enthalten die Bemerkung (A 2,5,6; S 20,7), die Lehrreden des Buddha handelten von der Leerheit. Die Mahāyānasūtras kokettieren mit dieser Äußerung. Vor einer Gruppe von Zuhörern stellt der Mönch Subhūti fest, der Buddha habe nichts dargelegt, keinerlei Lehre (dharma) offenbart und nichts verkündet. (AP 2 p. 20) Die Angesprochenen nehmen dies mit Unverständnis auf. Dennoch trifft die Aussage zu. Die Leerheit, die das Thema des Mahāyāna ausmacht, ist nichtseiend (asat) und keine vom Buddha ersonnene Doktrin. Sie ist eine Naturgegebenheit.

Denkschritt drei: In der Leerheit sind alle Wesen identisch

Der Buddha hatte die empirische Person als ohne beständige Seele, als leer aufgezeigt. Das Mahāyāna änderte die Ausdrucksweise dahingehend, daß die Person Leerheit sei. Der Bedeutungssprung ist erheblich, denn das Adjektiv »leer« kennzeichnet jedes Wesen isoliert für sich, das Substantiv »Leerheit« hingegen impliziert die Leerheit als alle Wesen verbindende Identität. Am Beispiel von kleinen Schalen dargestellt:

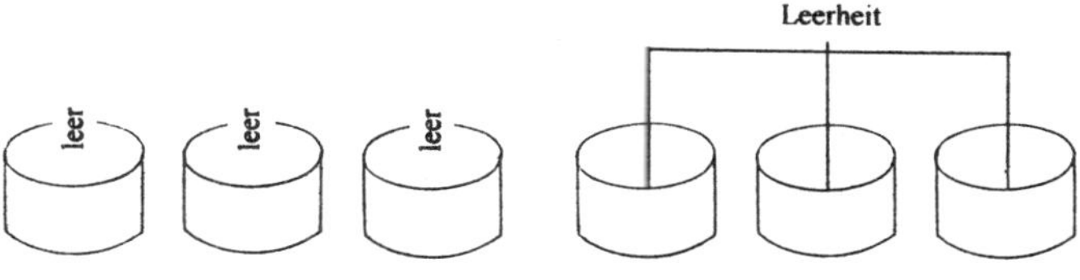

»Die Wesen sind leer« ist eine analytische Feststellung; »die Wesen sind Leerheit« ist eine synthetische Aussage, die besagt: Die Leerheit (= das Absolute) in mir, ist die Leerheit (= das Absolute) auch in dir. Die Texte nennen das die »Gleichheit des anderen mit einem selber« (parātmasamatā). Aus dem Identitätserlebnis mit den Wesen der Welt rührt die Gefühlswärme, die den Mahāyāna-Buddhismus auszeichnet und die den Mönchspoeten Śāntideva (695– ca. 730) ausrufen läßt:

> Da das Leiden für mich ebenso erschreckend und unlieb ist wie für die anderen: Was unterscheidet mich, daß ich mich selbst davor schütze, nicht (aber) den andern?
>
> (Śs, Kārikā 1)

Denkschritt vier: Alle Wesen sind Buddhawesen und erlöst

Da die Leerheit jedermanns innere Natur und zugleich »Buddhaheit« (buddhatā) ist, wie das Prajñāpāramitā-Sūtra lehrt, sind Buddhanatur und Erlösung jedem bereits zu eigen. Wir *sind* erlöst, aber wir sind uns dessen nicht bewußt. Jeder Mensch ist Besitzer eines Schatzes, von dem er aus Unwissenheit (avidyā) keinen Gebrauch macht. Wir gleichen dem Reisenden, der in der Ferne in finanzielle Not geriet – aus Unwissenheit. Denn ein Freund, bei dem er einst zu Gast war, hatte ihm, als er schlief, als Notreserve für die Weiterreise einen Edelstein in den Kleidersaum geknüpft, nur hatte er keine Möglichkeit gehabt, es ihm zu sagen. (SP 8 p. 134) Durch Nutzung seines ihm unbekannten Schatzes hätte der Reisende sich leicht aus der Klemme befreien können.

Denkschritt fünf: Weisheit befreit

Während der Heilssucher des frühen Buddhismus noch einen langen Weg zur Leidenserlöung vor sich sieht, ist der Heilssucher des Mahāyāna bereits am Ziel – vorausgesetzt, daß er seine Erlöstheit in der Leerheit erkannt hat. Dieses Erkennen ist freilich keine Sache bloßen Wissens (jñāna). Wissen operiert mit Begriffen, die dem Erfahrungsbereich des Saṃsāra entstammen. Es stützt sich auf Urteile wie falsch und richtig, für und wider, arbeitet also mit Abgrenzungen und Ausschließungen. Es erfaßt folglich nur Bruchstücke der Wirklichkeit. Wissen, im Lebensalltag unverzichtbar, ist ungeeignet, zur erlösenden Erkenntnis der Leerheit vorzustoßen.

Denn das Absolute ist auch in den Gegensatzpaaren enthalten und kann nur durch alles umgreifende Weisheit (prajñā) erfahren werden. Weisheit ist überrational und greift als intuitives Einswerden mit der Wirklichkeit über den Bereich der Logik hinaus in die absolute Wahrheit. Erst wenn jemand seine wesenhafte Leerheit = Erlöstheit durch ganzheitliche Weisheit erlebt, ist er dem Wiedergeburtenkreislauf entkommen.

Was ist es, das das Verständnis des mahāyānischen Leerheitsbegriffes so schwierig macht? Warum entschlüpft die Leerheit immer wieder dem denkerischen Zugriff? – Der Grund liegt in ihrer Doppelwertigkeit.

Einerseits ist die Leerheit der empirischen Person und der Welt der Grund für deren Veränderlichkeit und das daraus resultierende Leiden: Weil alles Leerheit ist, ist nichts von Dauer. Der berühmte Schlußvers des Diamant-Sūtra* (Vajracchedikā-Prajñāpāramitā) beschreibt die Unsicherheit der karmisch bedingten Welt:

> Wie Sterne, Augenflimmern, eine Lampe,
> wie Zaubertäuschung, Tau und blasiger Schaum,
> wie Traumgespinst, ein Blitz und eine Wolke:
> So ist, was da bedingt** ist, anzuschaun. (Vch 32)

Als Grund der Wechselhaftigkeit der Welt ist die Leerheit wertnegativ.

Andererseits ist die Leerheit die Voraussetzung, daß ein Freiwerden von der Wiedergeburt überhaupt möglich ist. Gäbe es eine ewige Seele, wie Upaniṣaden und Hinduismus behaupten, dann wäre sie eben durch ihre Ewigkeit zur Dauerexistenz in dieser leidhaften Welt verdammt und ihr Erlöstheitszustand allenfalls als teilnahmslose Seligkeit in einer Art Paradies denkbar. Als Voraussetzung wahrer Erlösung ist die Leerheit ein Wertpositivum.

Der Weltmensch empfindet die Leerheit als Quelle des Leidens, denn die Leerheit der empirischen Person ist der

---

* So hat sich der Buchtitel im Westen eingebürgert. Der eigentliche Werktitel lautet: »Die Vollkommenheit der Weisheit, welche (die Unwissenheit) spaltet wie der Donnerkeil«.

** saṃskṛta.

Grund ihres Unterworfenseins unter Krankheit und Alter, Tod und Wiedergeburt. Anders stellt sich der Weise zu ihr ein. Er durchschaut, daß die Leerheit die Aufhebung der leidhaften Existenz ermöglicht, ja daß sie für jeden, der sich seiner Leerheit durch Weisheit bewußt wurde, das erlösende Nirvāṇa *ist*.

Wie es als wunderlich angesehen würde, wenn jemand im Restaurant in der Sprache der Chemie ein Glas H_2O bestellt, so würde es im Alltag Befremden erregen, wenn jemand ständig in der Sprache des Absoluten redete. Der Buddhismus unterscheidet deshalb zwei Sprechweisen: Die Sprache der Alltagsvernunft und die Sprache der höchsten Wahrheit. Die Sprache der Alltagsvernunft handelt von Wesen und Dingen und ihrer vordergründigen Verschiedenheit und wird als konventionelle oder »verhüllte Wahrheit« (samvṛtti satya) bezeichnet. Die »Wahrheit im höchsten Sinne« (paramārtha satya) hingegen hat die wesenhafte Leerheit und Identität der Wesen zum Thema. Die Bücher der Weisheitsvollkommenheit (Prajñāpāramitā) spielen damit, zwischen den beiden Sprachebenen auf und ab zu springen. So belehrt der (transzendente) Buddha den Mönch Subhūti über die Natur der Dinge:

> Eben durch ihre Natur, Subhūti, sind jene Dinge nichts (na kiṃcit). Ihre Natur ist ihre Nichtnatur, und ihre Nichtnatur ist ihre Natur, weil alle Dinge nur ein Kennzeichen besitzen, nämlich das Nichtkennzeichen. (...) Und warum? – Es gibt keine zwei Naturen der Dinge, Subhūti, alle Dinge haben nur eine Natur: Die Natur aller Dinge ist ihre Nichtnatur, und ihre Nichtnatur ist ihre Natur. (AP 8 p. 96)

Die Paradoxität der Aussage beruht auf der Ambivalenz der Leerheit, die man in konventioneller Sprache als die »Natur« (prakṛti) der Dinge und in absoluter Sprache als ihre »Nichtnatur« (aprakṛti) bezeichnen kann. Auf die Leerheit, negativ und positiv zugleich, treffen beide Wertungen zu.

Das gleiche Gedankenspiel mit der Doppelwertigkeit betreiben die Bücher der Weisheitsvollkommenheit mit dem Begriff »Nicht-Eigennatur« (asvabhāvatā), der oft den Begriff »Leerheit« vertritt. Da den Wesen und Dingen eine dauerhafte Seele fehlt und sie nur Phänomene sind ohne beständigen Kern, sind sie »ohne Eigennatur« (asvabhāva). Es ist die »Eigennatur« (svabhāvatā) der Dinge, daß sie leer sind, und weil sie leer, also ohne Seele sind, sind sie »ohne Eigennatur« (asvabhāva[tā]). Mit anderen Worten: Die Dinge haben die Eigennatur, daß sie keine haben.

Man kann wohl kaum annehmen, daß die Mehrzahl der Mahāyāna-Bekenner diese Sprechweise verstand. Auch die Indologen des Westens standen ihr zunächst ratlos gegenüber, bis in den fünfziger Jahren unseres Jahrhunderts der deutsch-britische Indologe Edward Conze (1904–79) sie für unser Verständnis erschloß.

Die Philosophie der Leerheit, formuliert in den Prajñāpāramitā-Sūtras, ist das schwierigste Element des Mahāyāna-Buddhismus. Die beiden weiteren Elemente, (a) die Bodhisattva-Lehre und (b) das System der transzendenten Buddhas, sind religiöser Art, bauen aber auf der Leerheitsphilosophie auf.

a) Der frühe Buddhismus propagiert das Ideal des Heiligen (P. arahat), der sich über den Achtfachen Weg der Selbstdisziplin zur Heiligkeit und Erlösung emporarbeitet. Das Mahāyāna stellt dem Heiligen das Leitbild des Bodhisattva zur Seite. Bodhisattvas sind Wesen, die sich um Erleuchtung bemühen oder sie bereits erreicht haben, ihr eigenes endgültiges Verlöschen aber solange aufschieben, bis alle Wesen erlöst sind. Ihr Verhalten ist geleitet vom Mitleid (karuṇā) für andere. Einige Bodhisattvas, die sich bereits zu Transzendenten, d. h. den Naturgesetzen enthobenen Bodhisattvas hochgearbeitet haben, können jederzeit zu Hilfe gerufen werden, allen voran der Bodhisattva Avalokiteśvara. ① Den Rang eines Transzendenten Bodhisattva

①

erreicht, wer auf der zehnstufigen Bodhisattva-Laufbahn die sechste Stufe verwirklicht und die Weisheit (prajñā) erworben hat, die ihm das Auge für die Leerheit öffnet.

Die Transzendenten Bodhisattvas befinden sich in einer paradoxen Situation. Ihr Mitleid bewegt sie, für die Erlösung der Wesen zu arbeiten und keinen Hilferuf unbeachtet zu lassen. Zugleich aber sagt ihnen die Weisheit, daß die Wesen in ihrer Leerheit von Beginn an erlöst sind und keiner Erlösung bedürfen, weil sie sie latent schon besitzen. Die »Weisheitsvollkommenheit in achttausend (Ślokas)« (Aṣṭasāhasrikā-Prajñāpāramitā) beschreibt das Denken des Bodhisattva folgendermaßen:

> Da denkt ein Bodhisattva: ›Unendlich viele, zahllose Wesen sollen von mir ins Parinirvāṇa (d. h. ins totale Erlöschen) geführt werden, und doch gibt es weder solche, die ins Parinirvāṇa führen, noch solche, die ins Parinirvāṇa geführt werden.‹ (Denn) wieviele Wesen auch immer er zum Parinirvāṇa geführt hat – es gibt kein

Wesen, das ins Parinirvāṇa eingegangen ist, noch jemanden, der es dorthin geführt hätte. (AP 1 p. 10)

Der Bodhisattva, gelenkt von Mitleid und Weisheit, handelt im Als-ob.

b) Neben der Leerheitsphilosophie und der Bodhisattva-Lehre ist es der Glaube an Transzendente Buddhas, der das Mahāyāna vom Frühbuddhismus unterscheidet. Der mahāyānischen Periode, die ein System von transzendenten, über den Raum verteilten Buddhas schuf, folgte eine zweite, in der der Trend sich umkehrte und man versuchte, die Buddha-Vielfalt auf einen »Urbuddha« (Ādibuddha) zu reduzieren.

Der frühe Buddhismus hatte nur Buddhas der verschiedenen Zeitalter anerkannt. Gleich einem Mann, der die Waldwildnis durchstreift und plötzlich eine überwachsene Straße findet, die zu einer vergessenen Stadt mit Gärten und Teichen führt – gleich diesem Mann habe er mit seiner Lehre eine von den Buddhas früherer Zeiten begangene Straße wiederentdeckt, so hatte der historische Buddha Gotama erklärt (S 12,65). Er hatte damit deutlich gemacht, daß es schon vor ihm Buddhas gegeben habe, deren Verkündigung aber in Vergessenheit geraten war. In jedem Zeitalter gibt es jedoch nur einen einzigen Vollerleuchteten. Die Buddhas verteilen sich über die Epochen, treten aber nie gleichzeitig auf – so die Auffassung der Pāli-Texte.

Die Mahāyāna-Buddhisten sahen in dieser Auffassung eine Einengung der Erlösungsmöglichkeiten und schafften sie durch Wortklauberei aus der Welt. Das dem Mönchsphilosophen Nāgārjuna (2. Jahrhundert n. Chr.) zugeschriebene, nur chinesisch tradierte »Lehrbuch zur Großen Weisheitsvollkommenheit« (Mahāprajñāpāramitā-Śāstra) enthält folgenden Dialog*:

---

* Nach der englischen Übertragung in E. Conze: Buddhist Scriptures. Harmondsworth [4]1968 (Penguin Classics), p. 212f.

Sarvāstivādin: Der Buddha hat erklärt: ›In einer und derselben Weltsphäre können nicht gleichzeitig zwei Buddhas erstehen, (wie ja auch) zur gleichen Zeit nicht zwei Weltherrscher existieren können.‹ (...)

Mahāyānin: Das sind in der Tat Worte des Buddha, aber du verstehst nicht ihre Bedeutung. Der Buddha will damit ausdrücken, daß zwei Buddhas nicht gleichzeitig in einem und demselben Tris-Chiliokosmos erscheinen können. Er schließt diese Möglichkeit aber nicht aus für das ganze (...) Universum. (...) Wenn du glaubst, wie du es tust, daß es in anderen (...) Weltsphären noch andere Weltherrscher gibt, warum glaubst du dann nicht (auch) an die Existenz anderer Buddhas in anderen großen Tris-Chiliokosmen? Zudem: Ein Buddha allein kann unmöglich alle Wesen retten. Es muß deshalb noch andere (Buddhas) geben. Tatsächlich sind die Wesen zahllos und ihr Leiden ohne Maß. Daher sind zahllose Buddhas nötig, um sie zur Erlösung zu führen.

Damit war die Gleichzeitigkeit von Buddhas annehmbar gemacht und die Möglichkeit eröffnet, zeitgleiche Buddhas in den Gegenden des Raumes anzuerkennen.

Den ersten Versuch, Transzendente Buddhas über die Himmelsrichtungen zu verteilen, unternahm im 1. Jahrhundert n. Chr. das »Sūtra vom Lotos des guten Gesetzes« (Saddharmapuṇḍarīkasūtra, 7 p. 119). Im 4. Jahrhundert folgte ihm darin das »Goldglanz-Sūtra« (Suvarṇabhāsottamasūtra, 2 p. 7f), im 5. Jahrhundert das tantrische »Sūtra des Geheimbundes« (Guhyasamājasūtra, 1 p. 1), das als fünften Buddha einen für die Mitte einführte. Im 6. Jahrhundert schließlich war für die Transzendenten Buddhas die folgende Raumzuordnung gefunden:

Nach dem Vorbild der indischen Geographen waren die ältesten Maṇḍalas nach Osten orientiert, der aufgehenden Sonne entgegen. Später gingen die Buddhisten dazu über, den Westen als Bezugspunkt anzusehen und im Maṇḍala nach oben zu legen.

1. Denn im Westen residiert der beliebteste der Transzendenten Buddhas, der Buddha Amitābha, »Der von unendlichem Glanz«. Er hat die Hände in der Meditationsgeste zusammengelegt und hält den Almosentopf. Amitābha ist

rot wie die im Westen untergehende Sonne, und Herrscher über das westliche Zwischenparadies Sukhāvatī, »Das Glückvolle«. Wer Amitābhas Gnade (prasāda) findet, der erlangt Wiedergeburt in seinem Zwischenparadies Sukhāvatī um hier, von Versuchungen und Ablenkungen ungestört, die Antriebskräfte zur Wiedergeburt, d.h. Gier, Haß und Unwissenheit, in sich zu vernichten. Ist ihm dies gelungen, geht er von hier aus ins Nirvāṇa ein. Sukhāvatī ist ein Zwischen-, kein Endziel. Es ist nicht mit Erlösung identisch.

2. Herrscher über die nördliche Weltgegend ist der Transzendente Buddha Amoghasiddhi, »Der von unfehlbarer Zaubermacht«. Er ist auf Rollbildern grün. Seine Handgeste ist die der Ermutigung, sein Symbol der Doppelvajra (viśvavajra), der aber oft weggelassen wird.

3. Der Transzendente Buddha Akṣobhya, »Der Unerschütterliche«, ist dem Osten zugeordnet. Seine Körperfarbe ist blau. Er hält die rechte Hand in der Geste der Erdberührung, in der Handfläche der linken steht ein Vajra. Auch Akṣobhya verwaltet ein Zwischenparadies, Abhirati, »Freude« genannt, das aber eine untergeordnete Rolle spielt.

4. Der Transzendente Buddha Ratnasambhava, »Der mit dem Juwel Geborene«, ist der Herr des Südens. Auf Malereien erkennt man ihn an der gelben Hautfarbe, ansonsten an dem Wunschjuwel (cintāmaṇi), das er in der linken Hand hält. Die rechte Hand ist gesenkt in der Gewährungsgeste.

5. Im Zentrum des Maṇḍala zu Hause ist der Transzendente Buddha, auf den es in unserem Zusammenhang besonders ankommt, nämlich Vairocana, »Der Strahlende« oder »Der Sonnengleiche«. Er ist weiß wie der leere Raum und hält als Anspielung auf seinen Namen die Sonnenscheibe, die aber häufig zum Rad der Lehre uminterpretiert wird. Im Schnittpunkt der beiden Richtungsachsen beheimatet, ist Vairocana der Durchdringer des Alls – ähn-

②

lich der Leerheit, die alles durchdringt und die Natur der Wesen ausmacht. Manchmal wird er viergesichtig dargestellt als Sarvavid, »Der Allwisser«, ② der das Wissen aller anderen Buddhas in sich vereint.

Es war dieser Zentralbuddha Vairocana, der etwa im 7. Jahrhundert n. Chr. über die vier anderen Transzendenten Buddhas hinausgehoben und als »Urbuddha« (Ādibuddha) auf die Ebene des Absoluten, die Dharmakāya-Ebene transponiert wurde.

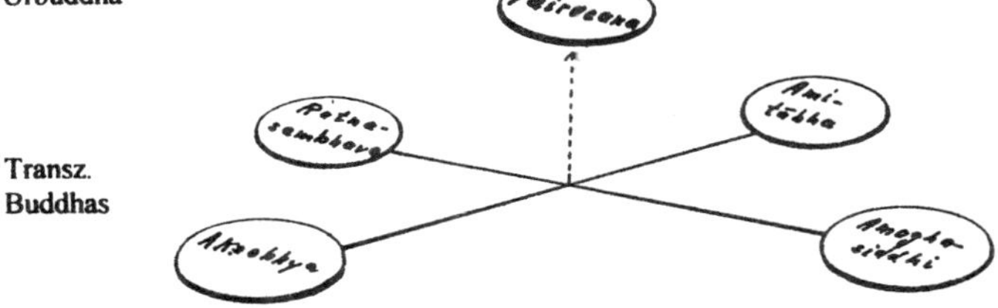

Analog der Reduktion des frühbuddhistischen Pluralismus zum mahāyānischen Einheitsprinzip »Leerheit« wurden hiermit die Buddhas zu *einem* absoluten Buddha zusam-

③

mengefaßt. Mit der Erhebung des Vairocana zum Urbuddha wurde das Absolute als Kultbild darstellbar.

Anders als in Ostasien, wohin die Vairocana-Verehrung sehr bald gelangte und wo sie heute noch lebendig ist – anders als dort war der Urbuddha Vairocana in Indien nie wirklich volkstümlich und sein Kult nicht von langer Dauer. Er wurde als Urbuddha durch den Urbuddha Vajrasattva abgelöst.

Der Urbuddha Vajrasattva, ③ »Dessen Wesen der Donnerkeil ist«, hält in der rechten, vor der Brust erhobenen Hand den Donnerkeil (vajra), das Symbol des Beständigen und des männlichen Prinzips, in der linken, auf dem Oberschenkel liegenden Hand die nach innen gewendete Glocke (ghaṇṭā), die die Vergänglichkeit und das weibliche Prinzip bedeutet. Die Attribute versinnbildlichen die Polarität Nirvāṇa – Saṃsāra. Daß der Urbuddha Vajrasattva beide Attribute in den Händen hält, drückt aus, daß er über Gegensätze erhaben ist.

Derselbe Urbuddha Vajrasattva tritt unter einem zweiten Namen auf und nimmt dann andere ikonographische Gestalt an. Als Vajradhara, ④ »Vajrahalter«, führt er wie

4

Vajrasattva den Vajra (rechts) und die Glocke (links), kreuzt aber die Unterarme vor der Brust. Der männliche Vajra gelangt dadurch auf die linke, weibliche Seite, die weibliche Glocke auf die rechte, männliche Seite. Die Kreuzungsgeste deutet die Vereinigung und Aufhebung der Gegensätze im Absoluten, in der Leerheit an: das große Glückserlebnis (mahāsukha) der Unio mystica, in der der Gläubige seiner Leerheit als Erlösung innewird.

Der Buddha Gautama in der Kunst – Ursprung, Formen und Symbolik der Buddha-Skulptur*

Den Buddha einen »Gott« zu nennen bedeutet, ihn unter seinem Rang einzuschätzen. Denn die Götter – Viṣṇu und Śiva ausgenommen – gelten in Indien als noch der Wiedergeburt unterworfen und unerlöst; ein Buddha hingegen ist jemand, der die Erlösung verwirklicht und das Leiden überwunden hat. 340 Millionen Buddhisten in der Welt verneigen sich andächtig vor der Skulptur des großen Lehrers, der den Weg gewiesen und gezeigt hat, daß das Tor zur Erlösung jedermann offensteht.

Im Westen haben nur wenige von der Bedeutung der Buddha-Figur eine Vorstellung. Ohne einen Gedanken daran, daß es sich um Kultbilder handelt, dienen Buddha-Darstellungen bei uns als Dekoration in Blumenläden, Möbelgeschäften und, mit Goldketten und Perlen behängt, bei Juwelieren. Die deutschen und die bei uns lebenden asiatischen Buddhisten nehmen das hin, denn der Buddha ist verloschen und sein Andenken über Profanierungen erhaben. Zudem ist die dekorative Verwendung seines Bildnisses nicht böse gemeint: Sie ist das Ergebnis von Unwissenheit, einer Eigenschaft, die nach der Erkenntnis des Buddha zusammen mit Gier und Haß den Kreislauf der Wiedergeburt in Gang hält. Immer nur einzelnen, nie der Gesamtheit der Menschen wird es gelingen, Gier, Haß und Unwissenheit zu überwinden und das Nirvāṇa zu verwirklichen.

---

* Namen, Begriffe und ikonographische Termini in Sanskrit; Pāli-Bezeichnungen werden durch P. gekennzeichnet.

Jede Darstellungsweise des Buddha in der Kunst und jede seiner Körper- und Handhaltungen erzählt eine Geschichte, die in Pāli- oder Sanskrit-Büchern überliefert ist. Nur von freistehenden Holzskulpturen und Bronzeplastiken des Buddha Gautama, wie sie auch in Privatsammlungen zu finden sind, ist im folgenden die Rede, nicht von den im Mahāyāna-Buddhismus aufgekommenen transzendenten Buddhas der Weltgegenden, die in Tibet und Ostasien bedeutsam, in westlichen Privatsammlungen aber selten sind. Auf die Kunststile der buddhistischen Länder kann hier nicht eingegangen werden.

Die älteren Buddhismusforscher des Westens datieren die Lebenszeit des historischen Buddha Gautama auf die Jahre 563–483 v. Chr. Die Errechnung basiert auf den Daten des buddhistischen Kaisers Aśoka Maurya, der nach vier Jahren gemeinsamer Herrschaft mit seinen Brüdern um das Jahr 265 v. Chr. zum Alleinherrscher geweiht wurde. Nach der Angabe in zwei ceylonesischen Chroniken lag diese Weihe 218 Jahre nach dem Parinirvāṇa des Buddha, das sich somit auf das Jahr 483 v. Chr. bestimmt. Da der Meister 80 Jahre alt wurde, ist seine Geburt auf 563 v. Chr. anzusetzen.

Neuere Forschungen haben an dieser Datierung und an der Zahl 218 Zweifel geweckt und bedienen sich zur Bestimmung der Lebenszeit des Buddha einer (in der Ceylon-Chronik Dīpavaṃsa, Kap. 5, mitgeteilten) Liste von Mönchsordinationen, die zwischen Aśokas Kaiserkrönung (265 v. Chr.) und den Tod des Buddha 136 Jahre legt. Das Parinirvāṇa des Buddha wäre demnach auf 401, seine Geburt auf 481 v. Chr. zu datieren. Aber gleichgültig, ob man den traditionellen Zeitansatz 563–483 v. Chr., den neueren Ansatz 481–401 oder einen Ansatz ins 5./4. Jahrhundert v. Chr. für richtig hält – für den Buddha und seine Lehre ist die zeitliche Einordnung von geringem Belang. Wichtiger ist sie für die politische Geschichte Altindiens, denn am Datum des Buddha orientieren sich auch die Regierungsdaten der mit ihm zeitgenössischen Könige.

Buddha-Symbole der anikonischen Periode

Die buddhistische Kunst beginnt für uns unter dem Maurya-Kaiser Aśoka im 3. Jahrhundert v. Chr. Nach der Niederwerfung der Kaliṅgas im Osten Indiens war Aśoka über den Tod von hunderttausend Menschen und das von ihm verursachte Leid derart entsetzt, daß er zur Lehre des Buddha übertrat und beschloß, ein Friedensherrscher zu werden. Er veranlaßte in seiner Hauptstadt Pātaliputra (heute Patna) ein Konzil des buddhistischen Mönchsordens, entsandte buddhistische Missionare in alle Indien umgebenden Länder und erließ, eingemeißelt in Steinsäulen und Felsen, Edikte, mit denen er die Bevölkerung zur Einhaltung der buddhistischen Ethik aufforderte. Damit jeder Teil seines Reiches von den Reliquien des Buddha einen Anteil erhalte, wurden auf Geheiß des Kaisers sieben von den acht ursprünglichen Reliquienstūpas geöffnet und die ihnen entnommene Asche des Buddha auf viele Orte verteilt. Überall in Aśokas Reich entstanden »Stūpas des gerechten Herrschers« (dharmarājikastūpa).

Einer der Stūpas, deren Bau von Aśoka veranlaßt worden war, wurde zum Ausgangspunkt der frühbuddhistischen Kunst, der Stūpa 1 von Sāñci (65 km nordöstlich von Bhopal, Madhya Pradesh). ① Im Laufe von zwei Jahrhunderten wurde der aus Ziegeln gebaute Aśoka-Stūpa durch eine Ummantelung mit behauenem Naturstein auf das Doppelte vergrößert, mit einem Steinkasten (harmikā) und einem dreifachen Hoheitsschirm (chattra) auf der Spitze sowie zwei auf verschiedener Höhe um die Kuppel (aṇḍa) herumlaufenden Umwandelungswegen (pradakṣiṇāpatha) versehen und als Sakralbereich durch einen Steinzaun (vedikā) nach außen abgegrenzt. Im 1. Jahrhundert v. Chr. entstanden als letztes die dem Zaun vorgebauten Steintore (toraṇa), die durch ihre winkelige Anordnung den Besucher zwingen, den Stūpa in der richtigen Richtung, nämlich im Ehrfurcht ausdrückenden Rechtskreis zu umwan-

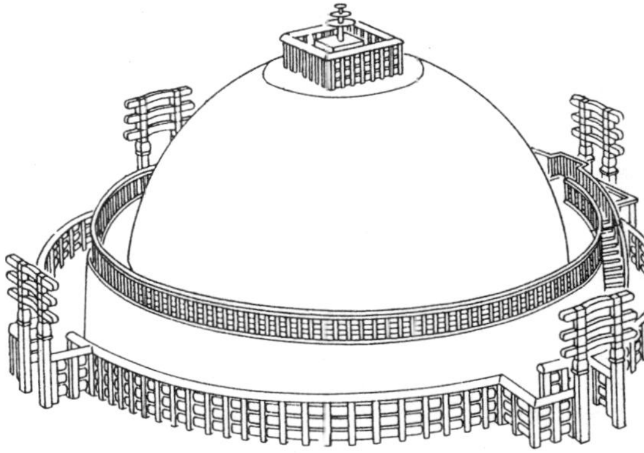

①

deln. Zäune und Tore ahmen in Stein die Bauweise aus Holz nach. In ähnlicher Anlage, wenn auch nicht ganz so hoch und komplett, entstanden weitere Stūpas in Sāñci und, kaum jünger, der Ziegelstūpa von Bhārhat (bei Satna, 175 km südwestlich von Allahabad in Madhya Pradesh). Die Torreliefs der Stūpas 1 und 3 von Sāñci (am Ort erhalten) und die Medaillons des Steinzaunes von Bhārhat (heute im *Indian Museum* in Kalkutta) sind die Hauptwerke der archaischen Kunst Indiens. Es gibt keine Facette altindischen Lebens und kein Ereignis im Leben des Buddha, die in der Reliefkunst von Sāñci und Bhārhat nicht Darstellung gefunden hätten.

Um so mehr überrascht, daß der Buddha als Person in dieser Kunst nicht vorkommt. Seine Geburt wird durch das Gefäß der Fülle (pūrṇapātra), seine Erleuchtung durch den Bodhibaum, die erste Lehrverkündigung durch das Rad der Lehre (dharmacakra), sein Parinirvāṇa durch einen Stūpa symbolisiert. ② Bei anderen Ereignissen ist seine Gegenwart durch den leeren Thron, eine feurige Säule, den Fußabdruck oder das Triratna-Zeichen angedeutet, das die »Drei Juwelen« Buddha/Dharma/Saṅgha versinnbildlicht.

②

Da alle den Meister umgebenden Personen und Gegenstände in Sāñci und Bhārhat so naturgetreu abgebildet wurden, daß man daraus eine Bestandsaufnahme der materiellen Kultur Altindiens zusammenstellen konnte, hat es nicht am handwerklichen Können der Steinmetze, sondern in ihrer Absicht gelegen, den Buddha als Bildmotiv auszusparen.

Ein äußerer Grund dafür war, daß die Bildlosigkeit indischem Brauch entsprach, denn auch die Anhänger des Brahmanismus scheuten sich, die vedischen Götter personal darzustellen. Daneben gab es innerbuddhistische Gründe. Der Buddha hatte sich Huldigungen stets verbeten. Den sterbenskranken Mönch (P.) Vakkali, der sich vor seinem Tode wünschte, den Buddha einmal in Person zu sehen, besuchte er am Krankenlager und erklärte ihm: »Was soll dir der Anblick dieses fauligen Körpers? Wer, Vakkali, die Lehre sieht, der sieht mich; wer mich sieht, der sieht die Lehre.« (S 22,87,13) Er verwahrte sich gegen gefühlsbetonte Verehrung und duldete nur den natürlichen Respekt, der jedem Lehrer zusteht. Es lag ihm fern, sich idolisieren zu lassen.

Die Nicht-Darstellung des Buddha in der Kunst war des weiteren geboten, weil ein im Nirvāṇa Verloschener nach Ablegung des Körpers nicht mehr beschrieben werden kann: Weder existiert der Erlöste jenseits des Todes, noch existiert er nicht. (S 16,12) Der Buddha wäre im Denken der

Beispiel einer anikonisch dargestellten Szene aus dem Leben des Buddha (nach einem Medaillon am Steinzaun des Stūpa von Bhārhat, 2./1. Jahrhundert v. Chr.).
Der reiche Kaufmann Anāthapiṇḍada von Śrāvastī hat vom Kośala-Prinzen Jetṛ (P. Jeta) einen Hain erworben, um ihn dem Buddha zum Geschenk zu machen. Als Kaufpreis sollte die Fläche des Hains mit Münzen bedeckt werden, die mittels Ochsenkarren herbeigeschafft werden mußten. Arbeiter sind dabei, die Münzen auszulegen (rechte Bildhälfte), Prinz Jetṛ (vorn) beaufsichtigt den Vorgang.
Die Bildmitte zeigt den Spender Anāthapiṇḍada, der über den Händen des (nicht dargestellten) Buddha Wasser ausgießt: der Rechtsakt der Eigentumsübertragung. Der Buddha ist durch einen kleinen Bodhibaum repräsentiert. Eine staunende Volksmenge (links oben) schaut zu. Die Pavillons deuten Klostergebäude an, die Anāthapiṇḍada für den Buddha und seine Jünger im Jetṛvana, »Hain des Jetṛ«, errichten ließ.

Frommen wieder auf die weltliche Ebene herabgezogen werden, hätten die Bildhauer versucht, ihn als Person vor Augen zu führen. Es genügte, daß der Stūpa seine geistige Gegenwart symbolisierte.

Drei Jahrhunderte, während der ganzen archaischen Kunstperiode, verzichteten die Künstler Indiens auf die Darstellung des Buddha. Mit der Entstehung des Mahāyāna-Buddhismus um die Zeitwende jedoch wandelte sich die Auffassung und der Buddha wurde zum beliebtesten Motiv der buddhistischen Kunst. Die Konservativen allerdings hielten an der Anikonität des Buddha noch länger fest, was dazu führte, daß sein Bild auch an manchen der Stūpas noch fehlt, die erst in der ikonischen Periode entstanden sind und stilistisch bereits der spätarchaischen Kunst zugehören.

Die Ursprünge des Buddha-Bildes

Wo die ersten personalen Buddha-Darstellungen entstanden – ob im hellenisierten Gebiet von Gandhāra im heutigen Afghanistan/Pakistan oder in Mathurā (140 km südöstlich von Delhi) auf indischem Boden – ist lange Zeit ein Diskussionsthema der Asien-Archäologen gewesen. Die Frage hat heute ihre Bedeutung verloren. Durchgesetzt hat sich die Erkenntnis, daß keiner von den beiden Ursprungsorten mit Gewißheit als der ältere nachgewiesen werden kann und daß Buddha-Abbildungen an beiden Orten kurz nach der Zeitwende, d.h. im 1. Jahrhundert n. Chr., auftauchen. Das gleichzeitige Auftreten ergab sich nicht aus einer Abstimmung der Künstler untereinander, sondern aus den Wünschen der Laienbekenner, die unter dem Einfluß der damals aufkommenden mahāyānischen Gedanken ein personales Buddha-Bildnis forderten. Das Glaubensvertrauen (śraddhā) in den Buddha, das schon im Frühbuddhismus als Voraussetzung für das Annehmen der Lehre gegolten

③

hatte, war nach dem Vorbild der hinduistischen Gottesliebe (bhakti) in eine Buddhabhakti, die »liebende Verehrung des Buddha«, gemündet, die für ihre Devotion einen Brennpunkt suchte. Zur Erbauung der Frommen und für den Buddha-Kult entstanden Stūpa-Reliefs, Stelen und Rundplastiken des Meisters.

Es war selbstverständlich, daß sich jedes Zentrum des Buddhismus zur Darstellung des großen Lehrers des Stils seiner eigenen Kulturprovinz bediente. Nordwestlich des indischen Subkontinents, speziell in Takṣaśīlā (heute Taxila) und Puruṣapura (Peshāwar), war dies – infolge des Alexanderzuges nach Indien (327 v. Chr.) und des Entstehens von baktrisch-griechischen Königtümern – der hellenistische Stil. Die aus Schiefer gemeißelten Buddha-Bilder der Gandhāra-Kunst entsprechen daher antik-griechischen Vorbildern und zeigen welliges Haar, europide Gesichtszüge und Faltenwurf in der Art von Apollo-Skulpturen. ③ Die Gandhāra-Kunst ist graeco-buddhistisch.

④

Mathurā am Yamunā-Fluß war gleichfalls ein buddhistischer Schwerpunkt, der durch Stūpa-Dekors, unter anderem in Form von Nyṃphen (Yakṣi), einen eigenen prallen und sinnesfrohen Stil gebildet hatte. Das Material der Bildhauer von Mathurā war der nahebei gebrochene rote Sandstein mit weißen Einschlüssen. Als um die Mitte des 1. Jahrhunderts n. Chr. das Kuṣāṇa-Reich entstand, das sich vom heutigen Afghanistan über Pakistan bis nach Indien in die Gegend von Benares (Vārāṇasī) erstreckte, unterstanden das Gandhāra-Gebiet und das Gebiet um Mathurā demselben Herrscher. Die Kuṣāṇa-Kaiser residierten in Puruṣapura (heute Peshāwar) und besaßen bei Mathurā einen Winterpalast. Der jahreszeitlich bedingte Ortswechsel der Herrscher und ihres Gefolges trug viel dazu bei, Gandhāra- und Mathurā-Stil zu vermischen. Der bedeutendste Kuṣāṇa-Kaiser war Kaniṣka I (1./2. Jahrhundert n. Chr.), der eine Goldmünze ④ prägen ließ, die auf der einen Seite ihn selbst zeigt, auf der anderen den stehenden Buddha mit der griechischen Inschrift BODDO. Neben dem Buddha ist das Signet des Kaisers zu sehen, der Vierzack.

Die Elemente der Buddha-Skulptur

Die Stūpa-Reliefs zeigen den Buddha in vielen Haltungen und Situationen. Dagegen beschränken sich die vollrunden Skulpturen, von denen auf den folgenden Seiten die Rede ist, auf relativ wenige Formen und Gebärden. Die Länder im Kulturumkreis Indiens, die die Lehre des Buddha übernahmen und das Buddha-Motiv in ihre eigene Kunst übertrugen, haben den Kanon von Posen und Gesten zwar weiterentwikkelt, sich dabei aber eng an die kanonischen Texte gehalten.

Die Elemente der Buddhaskulptur sind

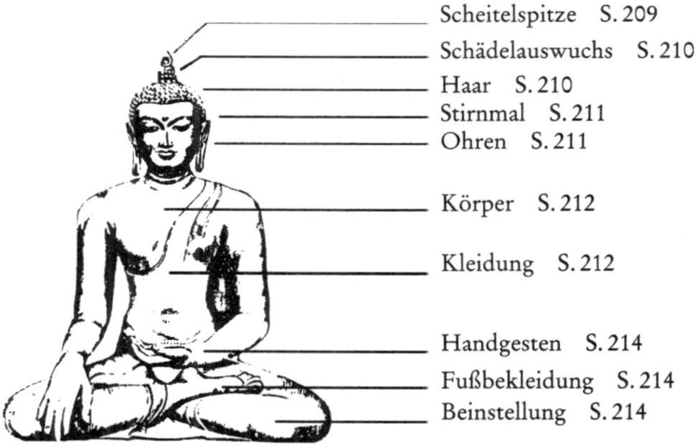

Die Scheitelspitze

Die Spitze, die den Schädelauswuchs des Buddha krönt, ist relativ jungen Datums. In der Gandhāra- und der Mathurā-Kunst kommt sie überhaupt nicht vor, in der jüngeren indischen Kunst allenfalls als kleiner Knauf. Als zwiebelförmiger Knauf ist sie auch in Tibet und Burma (Myanmar) häufig.

Markante Ausgestaltung erfuhr die ketumālā, die »Lichttraube« oder der »Strahlenkranz«, in Ceylon und Südostasien. In Ceylon hat sie manchmal die Form einer Lyra, in Thailand oft die Gestalt einer hochzüngelnden Flamme, in Laos ist sie gewöhnlich eine flammenartige oder glatte lange Spitze. Der Scheitelschmuck einer Buddha-Bronze liefert oft den ersten Hinweis, die Herkunft des Stückes zu bestimmen.

Der Schädelauswuchs

Seit Beginn der personalen Darstellung des Buddha ist der Schädelauswuchs (uṣṇīṣa) das Kennzeichen eines Erleuchteten. Nur einen Buddha und ein Wesen von buddhagleicher Erkenntnis (wie den Mönchsphilosophen Nāgārjuna) darf der Künstler mit einem Schädelauswuchs abbilden.

Ursprünglich war der Schädelauswuchs ein Haarknoten, wie er von den Griechen getragen wurde, und erscheint als solcher sowohl in der Gandhāra- als auch in der Mathurā-Kunst. Die letztere gab ihm zu Anfang die Form von aufgewickelten Haarsträhnen, so daß der Knoten einem »Schneckengehäuse« (kaparda) ähnelt und auch so genannt wird. Die Uminterpretation des Haarknotens in einen Schädelwulst erfolgte etwa zweihundert Jahre nach der Entstehung des personalen Buddha-Bildes, in Mathurā früher als in Gandhāra.

Haar

Den Mönchen Altindiens war das Scheren des Haupthaars vorgeschrieben; auch der Buddha trug den Kopf geschoren. Es war ein Zugeständnis an die Kunst, daß der Meister dennoch mit Haar dargestellt wird.

In Gandhāra ist das Haar des Buddha wellig und lang; ⑤ die Mathurā-Steinmetze stellen es – für Inder untypisch – in kurzen Löckchen dar, die zumeist rechtsgedreht sind. ⑥ Locken dieser Art werden gefordert in einer Liste von 32

Schönheitskennzeichen, die nach der Tradition einen »großen Menschen« (mahāpuruṣa) auszeichnen. (D 30,1,2)

Stirnmal

Dieselbe Liste erklärt das Stirnmal (ūrṇā) des Buddha als Wirbel weicher weißer Haare. (D 30,1,2) Die Kunst gibt es wieder als runden erhabenen Punkt. In keinem Falle ist das Stirnmal ein »drittes Auge« oder »Weisheitsauge«, wie manchmal behauptet wird. Das Stirnmal kann deshalb fehlen, ohne daß der Darstellung etwas verlorenginge.

Ohren

Als Siddhārtha, der spätere Buddha, geboren wurde, war sein Vater Gouverneur (rāja) einer halbsouveränen Republik, die dem nordindischen Königreich Kośala (Hauptstadt Śrāvastī) unterstand. Die Legende übertreibt und behauptet, der Vater des Buddha sei selbst ein König, sein Sohn ein Prinz gewesen. Zweifelsohne war die Familie hochgestellt und vermögend. Die langgezogenen Ohren der Buddha-Skulpturen erinnern an die Zeit, als Siddhārtha noch als verwöhnter Jüngling im Elternhaus lebte und schweren Ohrschmuck trug. Als er Haus und Familie verließ, um ein bettelnder Wandermönch (śramaṇa) zu werden, legte er den Schmuck ab. Die Ohrläppchen blieben aber gedehnt. Sie deuten den Verzicht an, den Siddhārtha auf sich nahm, um die Erlösung zu suchen.

Körper

Auf der Suche nach Erleuchtung hatte Siddhārtha auch Askese getrieben und so gehungert, daß seine »Rippen sichtbar waren wie die Dachsparren eines verfallenen Hauses«. (M 36; 28) Später hatte er die Askese als nutzlos erkannt und war zu ausgeglichener Lebensweise zurückgekehrt. Genügsam ernährt, so daß sein Körper ihn nicht durch Mangelerscheinungen störte, hatte er die Buddhaschaft und Erlösung verwirklicht.

Die Kunst zeigt den Buddha deshalb wohlgenährt, aber nicht dick. Wenn er stehend abgebildet wird, ist manchmal das Einschneiden der Gürtelschnur zu erkennen; zuweilen überwölbt der Oberbauch leicht den Gürtel. Es ist dies das einzige Element einer individualisierenden Darstellung. Ansonsten strebt die buddhistische Kunst keine anatomische Genauigkeit an und stellt den Buddha weniger als Individuum denn als einen Typus dar.

Der Pāli-Kanon bezeichnet den Buddha mehrfach als gold- oder lotosfarben, was in Indien seit je als Herkunft aus einer gehobenen sozialen Schicht interpretiert wird.

Kleidung

Die Robe (cīvara) des Theravāda-Mönchs besteht aus drei orange- oder ockerfarbenen Tüchern, die aus fünf, sieben oder neun rechteckigen Lappen zusammengenäht sind, um dem Stoff den Handelswert zu nehmen. Die sich rechtwinklig treffenden Nähte werden manchmal in der Kunst durch Linien angedeutet.

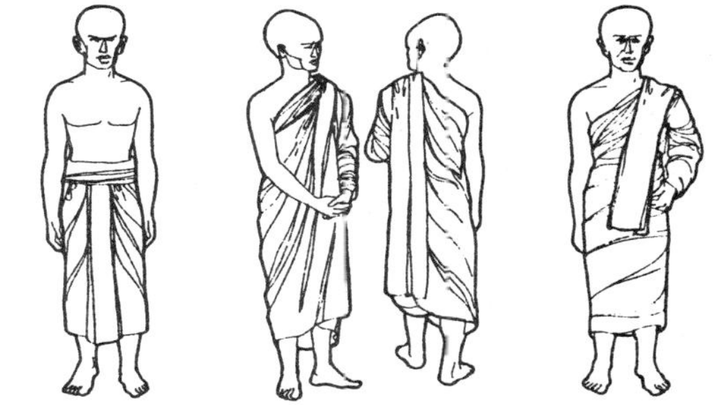

Die drei Roben des buddhistischen Mönchs.

Das Untergewand (P. antaravāsaka) wird um die Hüften geschlungen, vorne gefältelt und in der Taille mit einem Gürtelband befestigt. Der oberhalb des Gürtels hochstehende Stoffrand wird nach unten umgeschlagen. Darüber trägt der Mönch das Obergewand (uttarāsaṅga), das zuerst mit beiden Händen hinter dem Rücken gespannt, dann unter dem rechten Arm her zur Brust geführt und von vorn über die linke Schulter nach hinten geworfen wird. Der mit der linken Hand gehaltene linke Teil der Robe wird fest um den linken Arm gewickelt. Die rechte Schulter und der rechte Arm des Mönchs bleiben unbedeckt, jedoch kann das über die linke Schulter nach hinten herabhängende Teil der Robe benutzt werden, um auch die rechte Schulter zu schützen. Vor allem bei sitzend dargestellten Buddhas wird die rechte Schulter ohne Bekleidung gezeigt.

Das dritte Gewand des süd- und südostasiatischen Mönchs ist die Mantelrobe (P. saṅghāṭī), die bei Nichtgebrauch zu einem Band zusammengefaltet wird und über der linken Schulter hängt. Bei formellen Anlässen hüllt sie den Mönch voll ein, so auch beim Almosengang am Morgen, denn wie der Mönch seine eigenen Sinne zügelt, so soll er durch seine Erscheinung auch die Frauen und Mädchen, die ihn mit der Almosenspeise versorgen, nicht zu sinnlichen Gedanken verleiten.

Handgesten

Die Handgesten (mudrā) der Buddha-Skulpturen beziehen sich auf bestimmte historische oder legendäre Ereignisse im Leben des Buddha und rufen dem Bekenner das jeweilige Ereignis in Erinnerung.

Fußbekleidung

Alle Darstellungen des Buddha zeigen ihn barfuß, was der ursprünglichen Regel entspricht. Später erlaubte der Meister seinen Mönchen einfache Sandalen aus Leder (upāhanā).

Stellung der Beine

Die Rundplastik zeigt den Buddha sitzend, stehend, schreitend oder liegend. Den verschiedenen Arten der Darstellung sind die folgenden Abschnitte gewidmet.

Darstellungsformen

Sitzende Buddhas

Die Darstellung des Buddha in Sitzpose ist die häufigste. Für die Beine sind zwei Haltungen möglich.

Beim Sitzen mit den Beinen »um den Schoß herum« (paryaṅka) sind die Unterschenkel an den Körper gezogen

⑦

und liegen, der rechte Unterschenkel oben, gegenläufig übereinander. ⑦ Beim »Lotossitz« (padmāsana) sind die Unterschenkel verschränkt und beide Fußsohlen nach oben gerichtet; der rechte Unterschenkel liegt vorn, beide Knie berühren den Boden. ⑧

Der Thron des sitzenden Buddha ist oft als aufgeblühter Lotos stilisiert. Der Lotos symbolisiert Reinheit, denn er wächst auch aus schmutzigem Wasser makellos hervor.

Der Buddha in der Geste der Erdberührung

Die »Geste der Erdberührung« (bhūmisparśamudrā) zeigt Gautama, wie er mit der rechten Hand auf die Erde weist oder die Fingerspitzen auf sie aufsetzt; die linke Hand liegt, die Handfläche nach oben, im Schoß. ⑦ Die Erdgeste wird erklärt in einer Legende der Buddha-Biographie Lalitavistara, der »Ausführlichen (Erzählung) vom Spiel«, die den Buddha als irdische Erscheinung des wesenhaft transzendenten Buddha versteht. Der Lalitavistara wurde vermutlich im 2. Jahrhundert n. Chr. zusammengestellt und später im Sinne des Mahāyāna-Buddhismus überarbeitet.

Als Gautama kurz vor der Erleuchtung unter dem Bodhi-Baum saß, so erzählt das Buch (Kap. 21), teilte er

Māra, dem Herrn des Bösen, durch einen Traum mit, seine, des Māra, Macht über die Sinne der Menschen werde bald ein Ende haben. Erschreckt von der Ankündigung, wachte Māra auf, rief sein Heer von grausigen Dämonen und furchtbaren Geistern zusammen und zog mit dieser Streitmacht gegen den zukünftigen Buddha, um ihn zu vernichten. Gautama aber, geschützt durch sein karmisches Verdienst, blieb gelassen. Alle Angriffe prallten an ihm ab, alle auf ihn gezielten Geschosse verwandelten sich in duftende Blüten.

Als Māra seine Machtlosigkeit gegenüber dem Bodhisattva erkannte, verlegte er sich aufs Argumentieren. Mit dem Hinweis, Gautamas karmische Verdienste reichten nicht aus, die Erlösung zu erreichen, seien aber hinlänglich, ein die Sinnesfreuden genießender König zu werden, versuchte er, den Bodhisattva von der Erleuchtung zum Buddha abzubringen. Gautama hingegen erwiderte, Millionen Jahre hindurch habe er zahllose Male sich selbst für andere aufgeopfert und sich die Buddhaschaft verdient: »Die Erde, die Mutter aller Wesen, wird es bezeugen!« Bei diesen Worten berührte er mit der rechten Hand die Erde. Da brach der Boden auf, die Erdgöttin Sthāvarā erschien aus der Tiefe, legte vor dem Bodhisattva ehrfürchtig die Handflächen aneinander und bekundete: »So ist es, wir sind dafür Zeuge!« (Llv 21 p. 232 ff.) – Die Geste der Erdberührung wird deshalb zuweilen auch »Zeugnisanrufungsgeste« genannt. Sie kennzeichnet Gautama generell als Künder der Wahrheit.

Die Erdberührungsgeste vollzieht auch ein Buddha, der in dieser künstlerischen Gestaltung nur in Nordburma (Shan-Staat) vorkommt. Die Skulpturen dieses Stils zeigen den Meister als gekrönten König und Souverän über die Leiden und Verlockungen der Welt. ⑧ Er trägt einen prächtigen Kopfschmuck mit breiten Seitenflügeln und über der Mönchsrobe königlichen Schmuck, dazu Armreife. Eine nur in Südostasien bekannte legendäre Erklärung dieser

(8)

(9)

Darstellungsform besagt, daß der Buddha einst den überheblichen König Jambupati zur Bescheidenheit bewog, indem er sich vor ihm in *seinem* königlichen Schmuck sehen ließ.

Manchmal wird der Buddha in der Erdberührungsgeste dargestellt mit einem Almosentopf (pātra) in der linken im Schoß ruhenden Hand. (9) Der Topf – »Schale« kann man ihn seiner Form und Größe wegen nicht nennen – kennzeichnet ihn als Haupt eines religiösen Ordens und der Spenden »würdig« (P. araha). Diese Darstellungsweise wird manchmal durch ein im Pāli-Kanon (S 7,2,1 und Snip 1,4) überliefertes Ereignis erklärt.

Auf seinen Wanderungen kam der Buddha einst zu dem Dorf (P.) Ekanāla, wo der reiche Bauer Bhāradvāja soeben Essen an seine Feldarbeiter austeilte. Gautama stellte sich mit seinem Almosentopf dazu und wartete, ob ihm Speise gegeben würde. Bhāradvāja überging ihn: Nur wer pflüge und säe, habe ein Recht zu essen.

Der Buddha jedoch wies den Vorwurf der Untätigkeit zurück. Auch ein geistlicher Lehrer, so erklärte er, habe

⑩

ein Existenzrecht, denn er pflüge und säe (in die Herzen der Menschen) und die Ernte sei Todlosigkeit (= Nirvāṇa). – Der Text führt die Szene nicht weiter aus, wohl aber die bildende Kunst: Der Buddha berührt wiederum die Erde als Zeugin für die Wahrheit seiner Worte.

Der Buddha setzt das Rad der Lehre in Gang

Die »Geste des In-Gang-Setzens des Rades der Lehre« (dharmacakrapravartanamudrā) wird auf Stelen häufig dargestellt, bei Bronzen erscheint sie selten. Sie besteht darin, daß der Buddha das mit Zeigefinger und Daumen der rechten Hand gebildete »Rad der Lehre« mit dem Mittelfinger der linken Hand in Rotation versetzt. ⑩ Die Geste bildlich darzustellen erfordert Geschick; sie wird deshalb oft schlecht und ikonographisch unsauber ausgeführt.

Der Pāli-Kanon (Mv 1,6 und M 26;22 ff.) überliefert die Geschichte vom Andrehen des Lehrrades wie folgt: Nach seiner Erleuchtung zum Buddha in Bodh Gayā hatte Gau-

(11)

tama beabsichtigt, seine Erkenntnisse zuerst seinen ehemaligen Lehrern vorzutragen: Beide aber waren inzwischen verstorben. So fielen ihm die fünf Gefährten ein, die einst mit ihm zusammen Askese betrieben, sich jedoch von ihm abgewandt hatten, als er die Askese als nutzlos erkannte. Im Wildpark von (P.) Isipatana (Sārnāth) bei Benares traf er sie wieder.

Die fünf Asketen in Isipatana verhielten sich abweisend, als Gautama herankam, ließen ihm aber dann doch alle Höflichkeiten zuteil werden. Um ihre Zweifel an seiner Erleuchtung zu zerstreuen, beschrieb der Buddha ihnen seine Lehre (dharma) als den Mittleren Weg zwischen Sinnesgenuß und Askese und umriß ihnen die Vier Wahrheiten, die seine Lehre ausmachen: Die Wahrheit vom Leiden, von seinem Ursprung, von der Leidensaufhebung und dem Wege, der zur Leidensaufhebung führt. Mit dieser im Pāli-Kanon (Mv 1,6,17 ff. und S 56,11) wiedergegebenen Predigt an die fünf Asketen setzte der Buddha das »Rad der Lehre« in Gang. Das Rad ist seither das Symbol der ersten Lehrdarlegung des Buddha und seiner Lehre. Auf Darstellungen wird es oft von zwei Gazellen eingerahmt, die den Ort der ersten Verkündigung andeuten, den Wildpark von Isipatana. (11)

⑫

Der Buddha in der Geste der Unterweisung

Die »Sammlung der Lehrreden« (P. Suttapiṭaka) überliefert – wenn man die Versanthologien nicht mitzählt – 17767 Lehransprachen (P. sutta) des Buddha. Zieht man von dieser Zahl die Wiederholungen und die nach Zahlen oder Sachthemen geordneten Exzerpte aus bereits an anderer Stelle mitgeteilten Suttas ab, bleiben ungefähr eintausend Lehrreden, die der Buddha in den 45 Jahren seiner Wanderaktivität an Mönche oder Laienbekenner gerichtet hat.

Die Geste der Argumentation (vitarka) oder Darlegung (vyākhyāna) besteht darin, daß der Buddha die rechte Hand, nach vorn offen, hochhält, wobei Daumen und Zeigefinger (um das »Rad der Lehre« anzudeuten?) sich berühren oder sehr nah aneinanderkommen. ⑫ Die Gebärde ist anscheinend nirgendwo kodifiziert, entspricht aber der in Indien gebräuchlichen Geste, mit der ein Sprecher seinen Worten Nachdruck verleiht.

(13)

Der Buddha in der Geste der Ermutigung

Die im alten Indien verbreitete Vorstellung, daß ein Vollendeter die Gedanken der Menschen lesen und ihren Charakter durchschauen könne, mag manchen davon abgehalten haben, sich dem Meister zu nähern. Der Buddha zerstreute solche Bedenken, indem er die nach vorn geöffnete rechte Hand emporhob und so den Besucher ermutigte näherzutreten. (13) Die Geste heißt in der Ikonographie die »Furchtlosigkeitsgeste« (abhayamudrā), da sie dem Besucher die Scheu nehmen soll. Der Ausdruck »Schutzgewährungsgeste« ist mißverständlich und sollte durch die Übersetzung »Ermutigungsgeste« ersetzt werden. Einige westliche Autoren bezeichnen die Gebärde als »Segensgeste« – eine unzulässige Übertragung der christlichen Bedeutung der Geste in den buddhistischen Kontext.

⑭

Der Buddha in Meditationsgeste

Daß der meditierende Buddha stets im Lotossitz und mit den Händen flach im Schoß (dhyānamudrā), rechte Hand oben, dargestellt wird, ⑭ ist ein alter Brauch, scheint indes nicht durch einen Text vorgeschrieben oder durch ein Ereignis im Leben des Buddha begründet zu sein. Alle Handbücher über buddhistische Meditation betonen, daß der Meditierende jede ihm bequeme Sitzhaltung einnehmen kann, vorausgesetzt, daß sein Rückgrat gestreckt ist.

Eine vor allem in Kambodja beliebte Darstellung des meditierenden Buddha zeigt ihn auf einer zusammengerollten Schlange sitzend, die ihn mit ihrem Baldachin überwölbt. ⑮ Die Legende dazu ist im Pāli-Kanon (Mv 1,3,1 ff. und Ud 2,1) tradiert.

Kurz nach seiner Erleuchtung zum Buddha, so heißt es, verweilte der Erhabene bei (P.) Uruvelā unter einem Baum, um die Wonne der Erlösung zu genießen. Da brach,

⑮

⑯

für die Jahreszeit ungewöhnlich, ein Unwetter los. Unter eben dem Baum wohnte der Schlangenkönig (P.) Mucalinda. Als er sah, daß Regen und Kälte, Fliegen und Moskitos den Buddha gefährdeten, kam er hervor, umwand den meditierenden Mönch siebenmal mit seinem Schlangenleib und schirmte ihn mit seiner gespreizten Halshaut gegen das Gewitter ab. Als das Unwetter nach einer Woche aufhörte, löste Mucalinda die Windungen, nahm die Gestalt eines menschlichen Jünglings an und verehrte den Erhabenen mit aneinandergelegten Händen.

Wie die Erdberührungsgeste, so wird auch die Geste der Meditation (dhyānamudrā) manchmal dadurch ergänzt, daß dem Buddha ein Almosentopf (pātra) in die Hände gestellt ist. ⑯ Er kennzeichnet Gautama als Leiter eines von Almosen lebenden Ordens. Die Abbildung Gautamas in dieser Ikonographie bildet in Tibet sein »offizielles Porträt« als Ordensstifter und Wandermönch.

⑰

Der Buddha in der Wunschgewährungsgeste

In der Auffassung des frühen, d. h. des theravādischen Buddhismus ist der Buddha Gautama ein historischer Lehrer, der am Ende seines Lebens ins totale Verlöschen (parinirvāṇa) einging und für Gebete und Bitten nicht mehr erreichbar ist. Aus dem Wiedergeburtenkreislauf (saṃsāra) hinausgetreten, kann er keine Wünsche erfüllen. Sinn hat die »Wunschgewährungs-« (varada-) oder »Gebegeste« (dānamudrā) ⑰ allein im Mahāyāna-Buddhismus, der den Buddha doketisch, d. h. als transzendentes Wesen versteht, das sich auf der Erde nur spielend (lalita), nämlich als projizierte »Sichtbarwerdung« (nirmāṇa) zeigt: Er »gewährt« dem Heilssucher seinen Anblick, um ihn zu belehren und zu ermahnen, in der Bemühung um Erlösung nicht müde zu werden.

Um die Darstellung des Buddha als »Arzt für die Leiden der Welt« handelt es sich, wenn Gautama in der Wunschgewährungsgeste dargestellt wird mit einer Myrobalane-Frucht in der nach vorn und unten geöffneten rechten Hand und dem Almosengefäß in der im Schoß liegenden

⑱

linken. ⑱ Manchmal ist das Gefäß mit weiteren Heilpflanzen gefüllt. Bronzen dieser Art kommen sowohl im Theravāda- als auch im Mahāyāna-Buddhismus vor. Die Assoziation Buddha = Arzt lag nahe. Nicht nur hatte Gautama sich selbst als Arzt bezeichnet, auch seine Lehre, gegliedert in die Vier Edlen Wahrheiten, hatte er formuliert analog zur Vorgehensweise der Ärzte, die zuerst nach der Krankheit und ihrer Ursache fragen und dann Heilmethode und Arznei bestimmen. Die Myrobalane gehört zu den Wolfsmilchgewächsen und liefert ein abführendes Öl.

Stehende Buddhas

Der sitzend abgebildete Buddha zeigt die rechte Schulter gewöhnlich frei; der stehend wiedergegebene Buddha ist zumeist in alle drei Mönchsroben gehüllt und hält auch die rechte Schulter bedeckt. Oft faßt die linke Hand, leicht angehoben, einen Zipfel des Gewandes, um zu verhindern, daß es sich lockert oder beim Gehen ins Schwingen gerät. ⑲

⑲

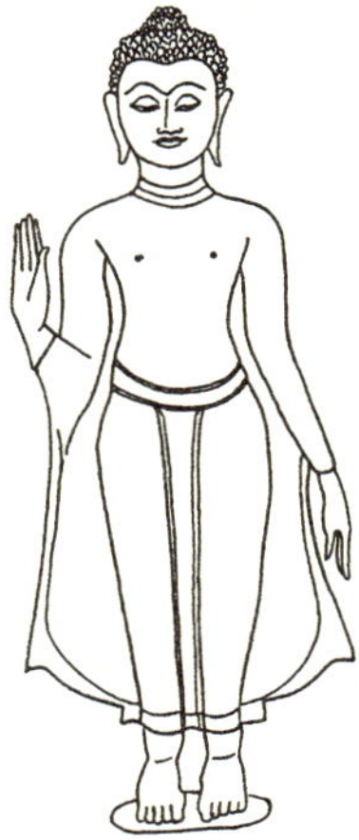

⑳

Der stehende Buddha in der Geste der Unterweisung

Lehrreden hielt der Buddha zumeist im Sitzen, jedoch kommt die Geste des Arguments (vitarka) oder der Darlegung (vyākhyāna) auch bei stehenden Buddhas vor. Die Gebärde besteht darin, daß der Meister die rechte Hand, nach vorn offen, emporhebt und Zeigefinger und Daumen eng aneinanderbringt oder zum Ring schließt. ⑲

Der stehende Buddha in der Geste der Ermutigung

Manche Bekenner scheuten sich, dem Buddha näherzutreten, war doch im alten Indien die Vorstellung verbreitet, daß ein Vollendeter die Gedanken der Menschen lesen könne. Gautama pflegte zögernde Besucher dadurch zu ermutigen, daß er ihnen die rechte, nach oben gerichtete und geöffnete Hand entgegenhob. ⑳ Die Gebärde heißt die »Nicht-Furcht-Geste« (abhayamudrā). Sie garantiert, daß der Nähertretende durch die Ausstrahlung des »Großen Menschen« (mahāpuruṣa) keinen Schaden erleidet.

Die Vorstellung, daß ein Buddha die Gedanken anderer

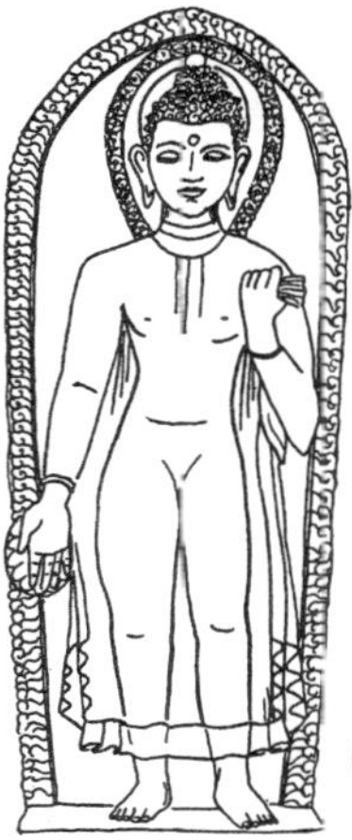

21

Menschen durchschaue, rettete Gautama einmal das Leben. Als der von Devadatta gedungene Attentäter an den Buddha herantrat, um ihn zu erschlagen, befiel ihn in der Nähe des Meisters lähmende Angst. Er warf sich dem Buddha zu Füßen und offenbarte ihm den Mordplan. (Cv 7,3,6 f.)

Der stehende Buddha in der Wunschgewährungsgeste

Die Geste der »Wunschgewährung« (varada) oder des »Gebens« (dāna), in der die rechte Hand nach unten geöffnet ist, (21) hat Sinn nur im Mahāyāna-Buddhismus, der den Buddha als transzendent versteht. Sein Erscheinen in der Welt als Buddha Gautama sei nur eine »Sichtbarmachung« (nirmāṇa), eine Vorspiegelung des transzendenten Buddha zur Belehrung der Menschen gewesen; in Wahrheit sei der Buddha den Menschen unsichtbar – wenn er sich ihnen nicht freiwillig zeigt. Eben das ist es, was der transzendente Buddha dem fortgeschrittenen Erlösungssucher gewähren kann: daß er ihm gestalthaft (mit der Gewährungsgeste) vor die Augen tritt. Materielle Wünsche kann auch der transzendente Buddha nicht erfüllen.

㉒

㉓

Der Buddha in der Gleichnisgeste

Burmesische Darstellungen des stehenden Buddha zeigen ihn gern mit ungezwungen herabhängendem rechten Arm. Bedeutung gewinnt diese Haltung, wenn Gautama zwischen Daumen und Zeigefinger ein kleines rundes Korn hält. ㉒ Es handelt sich dann um die »Gleichnisgeste« (upamāmudrā), die sich auf das Senfkorngleichnis bezieht. Dieses ist in den »Versen der Nonnen« (Therīgāthā 10,63) beschrieben.

(P.) Kisāgotamī, »Die hagere Gotamī«, kam aus ärmlichen Verhältnissen und heiratete in eine reiche Familie ein, von der sie verächtlich behandelt wurde. Erst als sie einen Sohn zur Welt gebracht hatte, wurde ihr Respekt gezollt. Sobald der Kleine aber laufen konnte, starb er. Verzweifelt, mit dem toten Kind auf der Hüfte, lief Kisāgotamī in Śrāvastī umher – auf der Suche nach einer Medizin, die den Leichnam ins Leben zurückbringen könne. Schließlich wurde sie an den Buddha verwiesen.

Der Meister trug ihr auf, in die Stadt zu gehen und dort Senfkörner zu erbitten, solche jedoch nur an Häusern anzunehmen, in denen noch niemand gestorben war. Kisāgotamī gehorchte, aber an jeder Tür, wo sie vorsprach, wurde ihr rklärt, auch in diesem Hause sei der Tod bereits gewesen und habe Mitglieder der Familie dahingerafft. Ohne einen Senfsamen, aber reicher durch die Einsicht, daß der Tod unvermeidlich ist, bestattete Kisāgotamī ihren toten Sohn und kehrte zum Buddha zurück. Wenig später wurde sie als Nonne ordiniert und erreichte die Heiligkeit.

Der Buddha zähmt den Elefanten Nālāgiri

Eine nur in Thailand und Kambodja beheimatete Darstellungsweise zeigt den stehenden Buddha mit nach vorn ausgestreckten Unterarmen; beide Hände sind, die Handflächen voran, nach oben gerichtet. (23) Die Gebärde ist die »Gütegeste« (maitrīmudrā), mit der der Buddha den auf ihn zurasenden Elefanten Nālāgiri zähmte. Die Geschichte ist im Pāli-Kanon (Cv 7,3,11 f.) überliefert.

Der ehrgeizige Mönch Devadatta, der die Leitung des Mönchsordens übernehmen wollte, vom Buddha aber abgewiesen worden war, hatte sich mit dem Magadha-Prinzen (P.) Ajātasattu verbündet und erhielt von diesem, als er die Herrschaft über Magadha gewonnen hatte, freie Hand, den Buddha ums Leben zu bringen. Zwei Attentate schlugen fehl. Bei einem dritten Attentat ließ ein von Devadatta angestifteter Elefantenlenker in einer Gasse von (P.) Rājagaha den Arbeitselefanten Nālāgiri auf den Buddha los. Den Rüssel hochgereckt, die Ohren breitgestellt und den Schwanz gestreckt, raste der mächtige Elefantenbulle auf den Buddha zu, aber furchtlos strahlte dieser ihm (mit der oben beschriebenen Geste) Güte (P. mettā, Skt. maitrī) entgegen. Da beruhigte sich der Elefant, hielt vor dem Meister inne und ließ sich von ihm streicheln. Dann trollte er sich, rückwärts gehend, den Blick auf den Buddha gerichtet, in seinen Stall. – Abstrahiert von diesem Bericht kennzeichnet die Gütegeste den Buddha als Befrieder von Gier, Haß und Wahn und als Zähmer der Leidenschaften.

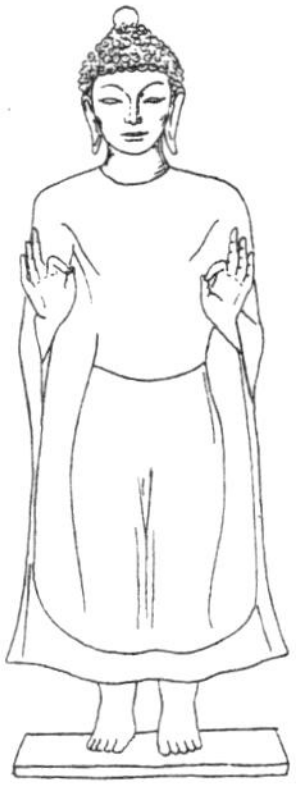

㉔

Der Buddha als Wunderwirker?

Eine der »Gütegeste« (maitrīmudrā) ähnliche Gebärde vollzieht der Buddha, wenn er die Unterarme vorstreckt und die Hände nach oben richtet, jedoch Zeigefinger und Daumen beider Hände zu Rädern schließt. ㉔ Die Geste erscheint nur in der Kunst Kambodjas und Thailands. Mit der Feststellung in einigen Sekundärwerken, es handele sich um die »doppelseitige Darlegungsgeste« (vitarkamudrā), ist nichts erklärt; die in anderen Büchern gegebene Interpretation, der Buddha »dränge die Fluten zurück«, bleibt schwach, solange die erläuternde Legende nicht nachgewiesen ist. Wunder der Art, daß die Natur sich gegen die Naturgesetze verhält, sind ansonsten in buddhistischen Texten, zumal in solchen des Theravāda-Buddhismus, nicht üblich.

Der historische Buddha hatte von Wundern eine geringe Meinung und bezeichnete sie als »gefährlich, mißfällig und abzulehnen«. (D 11; 5) Das Mahāvastu schreibt dem Buddha drei Wunderfähigkeiten oder -leistungen zu: Magische Macht, das Wunder der Lehre und das Wunder der Lehroffenbarung. (Mvs I p. 187)

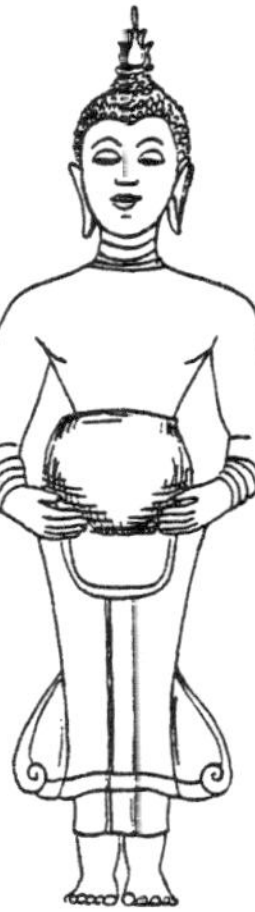

㉕

Der Buddha als Bettelmönch

Wie seine Mönche pflegte auch der Buddha selbst jeden Morgen an den Türen der Häuser Almosen zu sammeln. Ein Dank unterbleibt, da er das religiöse Verdienst, das der Spender durch seine Gabe erwirbt, ausgleichen und damit aufheben würde. In der Kunst wird der stehende Buddha mit dem Almosentopf (pātra) nur in Thailand dargestellt. ㉕

Einen Grund, Gautama beim Almosensammeln abzubilden, gab den Künstlern Thailands vielleicht der Bericht des Pāli-Kanons (Mv 1,54) über den Besuch des Buddha in seiner Heimatstadt Kapilavastu. Nachdem der Meister dort die Nacht in einem Klosterhain verbracht hatte, sprach er am nächsten Morgen am Hause seines Vaters, des Rāja Śuddhodana, mit dem Betteltopf in den Händen um eine Speisegabe vor. Er erhielt sie, aber als er das Haus verließ, schickte ihm seine ehemalige Gattin – acht Jahre zuvor von ihm verlassen und darüber verbittert – den gemeinsamen Sohn Rāhula nach: »Das, Rāhula, ist dein Vater. Frage ihn nach deinem Erbe!« Rāhula tat, wie ihm aufgetragen. Der Buddha reagierte konsequent: Auf der Stelle wies er seinen Jünger Śāriputra an, den Knaben als Mönchsnovizen zu ordinieren.

㉖

㉗

Schreitende Buddhas

Der schreitende Buddha in der Ermutigungsgeste

Schreitend dargestellte Buddhas sind vor allem in Thailand häufig und erinnern an die 45 Jahre der Wanderungen des historischen Buddha in Nordindien. Die rechte Hand ist in der »Ermutigungsgeste« (abhayamudrā) angehoben, der linke Arm hängt herab. ㉖ Der vordere Fuß steht auf dem Boden, der hintere ist an der Ferse angehoben, um ihn zum nächsten Schritt nach vorn zu ziehen.

Der Buddha steigt vom Himmel herab

Die meisten Legenden um Gautama lassen einen historischen Kern erkennen – nicht so die seines Besuches im Himmel. Die Legende ist nicht in kanonischen Texten, sondern nur in Kommentarwerken erhalten.

Māyā, die Mutter des Buddha, war sieben Tage nach der Geburt ihres Sohnes gestorben und wurde aufgrund ihrer guten Taten in männlicher Gestalt, als ein Gott im »Himmel der Dreiunddreißig Götter« wiedergeboren. Um auch ihr die Lehre zu verkünden, mußte der Buddha in den Himmel hinaufsteigen, wo er vom obersten der Götter, Śakra (d. h. Indra), eingeladen wurde, auf seinem Thron zu sitzen. Drei Monate brachte Gautama lehrend im Himmel zu.

Spektakulär vollzog sich sein Abstieg vom Himmel, der von der Legende an den Ort Sāṅkāśya (heute Sankissa, Uttar Pradesh) verlegt wird. Über eine dreifachbreite Leiter, begleitet von den Göttern Brahmā zur Rechten und Śakra zur Linken, schritt der Buddha zur Erde herab, wo er von einer großen Menschenmenge erwartet und begrüßt wurde. – Die indische und die tibetische Kunst stellen den die Leiter herabsteigenden Buddha mit der rechten Hand in Wunschgewährungs-, der linken Hand in Darlegungsgeste dar. ㉗ In Kombination bedeuten die Gebärden: »Ich gewährte den Göttern die Darlegung der Lehre.«

Liegende Buddhas

Der Buddha erreicht das Parinirvāṇa

Mit seiner Erleuchtung zum Buddha im Alter von 35 Jahren hatte Gautama die Aufhebung von Gier, Haß und Verblendung und somit das »Verlöschen« (nirvāṇa) verwirklicht. 45 Jahre später, als Achtzigjähriger, legte er auch den Körper ab und erreichte das »Endgültige Verlöschen« (parinirvāṇa). Damit ist er aus dem Kreislauf der Wiedergeburt (saṃsāra) hinausgetreten in den Zustand absoluter Leidfreiheit.

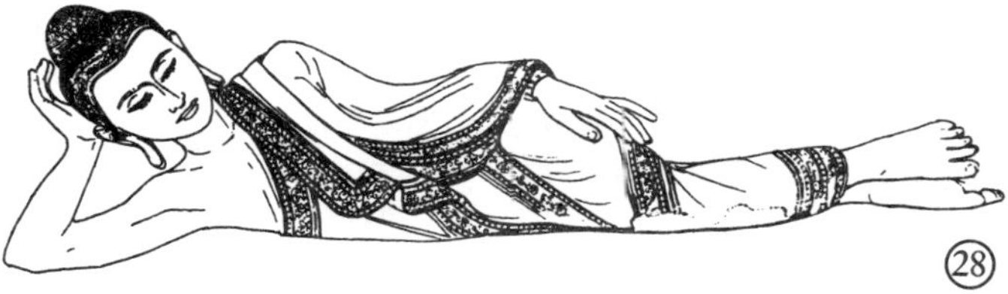

㉘

Der liegende Buddha in der Kunst Asiens ist niemals ein sich ausruhender, sondern stets der ins Parinirvāṇa übertretende Buddha. Er liegt in der »Löwenlage«, d. h. auf der rechten Körperseite. ㉘ Der sterbende Buddha wird zumeist abgebildet, wie er den Kopf noch auf den rechten Arm stützt.

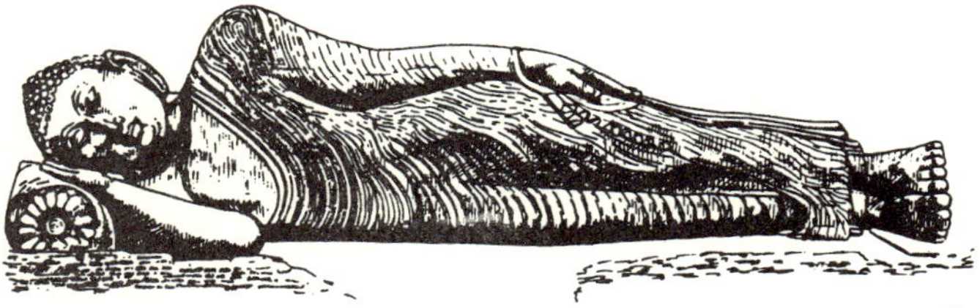

㉙

Der tote Buddha hingegen ㉙ ruht in strenger buddhistischer Funeraletikette. Sein Kopf ist auf ein Kissen gebettet, die rechte Hand unter die Wange geschoben, der linke Arm auf dem Körper ausgestreckt, die Füße liegen parallel übereinander.

Der Pāli-Kanon (D 16,4–6) schildert das Sterben des Meisters sehr ausführlich.

Bei dem Schmied Cunda in dem Dörfchen Pāvā hatte der achtzigjährige Buddha eine Speise gegessen, die ihm nicht bekam. Von einer Kolik gepeinigt, schleppte er sich in Begleitung des Mönchs Ānanda und anderer Bhikṣus in Richtung Kuśinagara. Als sie die Stadt einige Tage später erreichten, ließ der Buddha sich von Ānanda im Schatten von Bäumen eine Bettstatt bereiten.

Wissend, daß sein Tod bevorstand, gab der Meister dem Ānanda Anweisung, daß nicht ein Lehrer, sondern die Lehre (dharma) den Orden in Zukunft leiten solle. Es war Nacht, als der Buddha zum letztenmal das Wort an die Mönche richtete: »Mönche, ich sage euch: Alle Körperbestandteile sind vergänglich. Bemüht euch angestrengt!« Darauf fiel er in ein Koma und starb wenig später. Sieben Tage danach wurde sein Leichnam in Kuśinagara eingeäschert.

Anhang

Abkürzungen und benutzte Textausgaben

Die Stellenangaben folgen der indischen Kapitel- und Abschnitt-Einteilung. Nur bei wenig unterteilten Texten wird auch der Band der Edition (in römischer Ziffer) und die Seite (p.) angegeben.

Einige Pāli-Werke sind in neuen englischen Übersetzungen weiter untergliedert als die PTS-Ausgaben. In diesem Falle wird die Unterteilung, die in der Textausgabe nicht zu finden ist, durch Semikolon abgetrennt. D 31; 26 II p. 188 zum Beispiel heißt: Dīghanikāya Sutta 31, Abschnitt 26 der englischen Übersetzung, Textausgabe der PTS Band II, Seite 188.

A	Aṅguttaranikāya; PTS-Ausgabe
AP	Aṣṭasāhasrikā-Prajñāpāramitā; BST vol. 4
BāU	Bṛhadāraṇyaka-Upaniṣad. Ausgabe: One Hundred & Eight Upanishads, edt. by W. L. Sh. Paṇsikar. Bombay 1917
Bhāg-Pur	Bhāgavata-Purāṇa. Ausgabe: Śrīmadbhāgavatamahāpurāṇam. Gorakhpur Saṃvat 2010 (= 1953)
BhG	Bhagavadgītā, critically edited by S. K. Belvakar. Poona 1945 (Sonderdruck aus Mbh)
BST	Buddhist Sanskrit Texts, edited by P. L. Vaidya. Darbhanga 1958 ff. (Mithila Institute)
ChU	Chāndogya-Upanisad. Ausgabe wie BāU
Cv	Cullavagga (des Vinaya-Piṭaka); PTS-Ausgabe
D	Dīghanikāya; PTS-Ausgabe
DhP	Dhammapada. Ausgabe: The Dhammapada, A new English Translation with the Pāli Text ... by J. R. Carter and M. Palihawadana. New York/Oxford 1987
M	Majjhimanikāya: PTS-Ausgabe
Mbh	Mahābhārata. Ausgabe: The Mahābhārata, for the first time critically edited by V. S. Sukthankar and S. K. Belvalkar. 19 Bde. Poona 1933–59 (Bhandarkar Oriental Research Institute)
Mv	Mahāvagga (des Vinaya-Piṭaka); PTS-Ausgabe
Mvs	Mahāvastu; BST vol. 14/15.
P.	Pāli
Par	Parivāra (des Vinaya-Piṭaka); PTS-Ausgabe

PTS	Pāli Text Society, London
R	Rāmāyana. Ausgabe: The Vālmīki-Rāmāyana, Critically edited for the first time by G. H. Bhatt, P. L. Vaidya u. a. 7 Bde. Baroda 1960–75
Ṛv	Ṛgveda. Ausgabe: Ṛgvedasaṁhitā – The Hymns of the Rig-Veda, reprinted from the Editio Princeps by F. Max Müller, 2 Bde. Varanasi ³1965 (Kashi Sanskrit Series 167)
S	Saṃyuttanikāya; PTS-Ausgabe
Śat-Br	Śatapathabrāhmaṇa, edited by Pt. C. Śarma a. o. 2 Bde. Kāśī Samvat 1997 (= 1940)
Ṣds	Ṣaḍdarśanasamuccaya. Ausgabe: Shad-Darsana Samuccaya by Haribhadra, (ed. and) transl. by K. S. A. Mūrty. Tenali o. J. [1957]
SDS	Sarvadarśanasaṃgraha. Ausgabe: Sarva-Darśana-Saṃgraha of Sāyaṇa-Mādhava, ed. with an original comm. in Sanskrit by V. S. Abhyankar, 3. ed. by T. G. Mainkar. Poona 1978
Skt.	Sanskrit
Snip	Suttanipāta; PTS-Ausgabe
SOR	Serie Orientale Roma, Rom
SP	Saddharmapuṇḍarīkasụtra; BST vol. 6
Śs	Śikṣāsamuccaya (des Śāntideva); BST vol. 11
Ud	Udāna; PTS-Ausgabe
Vc	Vivekacūḍāmaṇi of Śrī Śaṁkara Bhagavatpāda; (ed. and transl.) by P. Sankaranarayanan. Bombay ³1988 (Bharatiya Vidya Bhavan)
Vch	Vajracchedikā Prajñāpāramitā, edited and translated by E. Conze. Rom 1957 (SOR vol. 13)
Vin	Vinayapiṭaka; PTS-Ausgabe.

Literatur

Die indologische Sekundärliteratur ist in ihrer Breite nicht mehr überschaubar. Spezialarbeiten zu Themen der indischen Philosophie und Religion erscheinen in allen Sprachen Europas und Asiens; am zahlreichsten sind die Arbeiten auf Englisch. Die folgende Literaturauswahl schließt deshalb auch englischsprachige Werke ein.

Eine knappe Einführung ins Gesamtgebiet indologischer Studien bietet: Bechert, H., von Simson G. (Hg.): Einführung in die Indologie – Stand, Methoden, Aufgaben. Darmstadt ²1993

Kulturgeschichte Indiens

Basham, A. L.: The Wonder that was India – A Survey of the Culture of the Indian Sub-Continent before the Coming of the Muslims. London 1954 u. ö.

Basham, A. L. (Ed.): A Cultural History of India. Oxford 1975.

Majumdar, R. C. (Ed.): The History and Culture of the Indian People: The Age of Imperial Unity. Bombay ⁶1990.

Majumdar, R. C. (Ed.): The History and Culture of the Indian People: The Classical Age. Bombay ⁴1988.

Mukerjee, R. K.: The Culture and Art of India. New Delhi ²1984.

Renou, L. et Filliozat, J.: L'Inde Classique – Manuel des Études Indiennes. 2 Bände, Paris 1947, Hanoi 1953.

Rizvi, S. A. A.: The wonder that was India. Volume II (1200–1700). London 1987.

Rothermund, D. (Hg.): Indien – Kultur, Geschichte, Politik, Wirtschaft, Umwelt – Ein Handbuch. München 1995.

Hindu-Religion und -Philosophie

Agrawal, M. M.: The Philosophy of Non-Attachment – The Way to spiritual Freedom in Indian Thought. Delhi 1982.

Basham, A. L.: The Origins and Development of Classical Hinduism. Bombay 1990.

Chakravarty, N.: Indian Philosophy – The Pathfinders and the System Builders (700 B.C. to 100 A.D.). New Delhi/Bombay 1992.

Deussen, P.: Allgemeine Geschichte der Philosophie. Bd. 1–2: Philosophie des Veda bis auf die Upanishad's. Bd. 3: Die nachvedische Philosophie der Inder. Leipzig 1920.

Eidlitz, W.: Der Glaube und die heiligen Schriften der Inder. Olten/Heidelberg 1957.
von Glasenapp, H.: Die Philosophie der Inder – Eine Einführung in ihre Geschichte und Lehren. Stuttgart ^{2}1958.
von Glasenapp, H.: Die Religionen Indiens. Stuttgart ^{3}1955.
von Glasenapp, H.: Der Hinduismus – Religion und Gesellschaft im heutigen Indien. München 1922 (^{2}1978).
von Glasenapp, H.: Der Stufenweg zum Göttlichen – Shankaras Philosophie der All-Einheit. Baden-Baden 1948.
Gonda, J.: Die Religionen Indiens. Bd. 1: Veda und älterer Hinduismus, Bd. 2: Der jüngere Hinduismus. Stuttgart 1960/1963 (Die Religionen der Menschheit Bde. 11 u. 12).
Hiriyanna, M.: Vom Wesen der indischen Philosophie. München 1990 (Diederichs Gelbe Reihe Bd. 85).
Hohenberger, A.: Rāmānuja, Ein Philosoph indischer Gottesmystik – Seine Lebensanschauung nach den wichtigsten Quellen. Bonn 1960 (Orientalisches Seminar der Universität Bonn).
Jhingran, S.: Aspects of Hindu Morality. Delhi 1989.
Klimkeit, H.-J.: Der politische Hinduismus – Indische Denker zwischen Reform und politischem Erwachen. Wiesbaden 1981.
Klostermaier, K. K.: A Survey of Hinduism. New Delhi ^{2}1990.
Küng, H., von Stietencron, H.: Christentum und Weltreligionen – Hinduismus. München/Zürich ^{2}1995 (Serie Piper 2055).
Majumdar, A. K. (Ed.): Concise History of Ancient India – Vol. III Hinduism: Society, Religion and Philosophy. New Delhi 1983.
Meisig, K.: Shivas Tanz – Der Hinduismus. Freiburg/Basel/Wien 1996 (Kleine Bibliothek der Religionen, Bd. 4).
Mitchiner, J.: Guru – The Search for Enlightenment. New Delhi 1992.
O'Flaherty, W. D. (Ed.): Karma and Rebirth in Classical Indian Traditions. Delhi ^{2}1983.
O'Malley, L. S. S.: Popular Hinduism – The Religion of the Masses. New York 1935.
Potter, K. H.: Presuppositions of India's Philosophies. Westport, Connecticut ^{2}1972.
Radhakrishnan, S.: Indische Philosophie. 2 Bde. Darmstadt 1956.
Schneider, U.: Einführung in den Hinduismus. Darmstadt ^{2}1993.
Schreiner, P.: Im Mondschein öffnet sich der Lotus – Reihe Weltreligionen: Der Hinduismus. Düsseldorf 1996.
Sontheimer, G. D., Kulke, H.: Hinduism reconsidered. New Delhi ^{2}1991.
Stutley, M.: Was ist Hinduismus? – Eine Einführung in die große Weltreligion. Bern/München/Wien 1994.

Warder, A. K.: Outline of Indian Philosophy. Delhi 1971.
Zaehner, R. C.: Der Hinduismus – Seine Geschichte und seine Lehre. München 1964.
Zimmer, H.: Philosophie und Religion Indiens. München 1973.

Kasten- und Hindu-Gesellschaft

Carstairs, G. M.: Die Zweimal Geborenen – Persönlichkeitsstruktur und Intimverhalten von Hindus der Oberen Kasten. München 1963.
Dumont, L. M.: Gesellschaft in Indien – Die Soziologie des Kastenwesens. Wien 1976.
Hutton, J. H.: Caste in India – Its Nature, Function, and Origins. London/Bombay ^{3}1961.
O'Malley, L. S. S.: Indian Caste Customs. London ^{2}1974.

Hindu-Mythologie und -Ikonographie

Banerjea, J. N.: The Development of Hindu Iconography. Calcutta 1956.
Beswick, E.: The Hindu Gods. New Delhi 1993.
Courtright, P. B.: Gaṇeśa, Lord of Obstacles, Lord of Beginnings. New York 1985.
Deniélou, A.: Hindu Polytheism. London 1964.
Dowson, J.: A Classical Dictionary of Hindu Mythology and Religion. London ^{7}1950 (Erstausgabe 1879).
Fausbøll, V.: Indian Mythology according to the Indian Epics. New Delhi ^{2}1981.
Getty, A.: Gaṇeśa. A Monograph on the Elephant-Faced God. New Delhi ^{2}1971.
Haussig, H. W. (Hg.): Götter und Mythen des indischen Subkontinents. Stuttgart 1984.
Jacobi, H.: Das Rāmāyaṇa Geschichte und Inhalt. Darmstadt ^{2}1970.
Jacobi, H.: Mahābhārata. Inhaltsangabe. Darmstadt ^{2}1963.
Ions, V.: Indian Mythology. London ^{3}1983.
Jagannathan, Sh.: Hinduism – An Introduction. Bombay ^{4}1989.
Kapur, T.: Symbolism of Hinduism: a hermeneutical approach. Delhi 1988.
Keilhauer, A. & P.: Die Bildsprache des Hinduismus – Die indische Götterwelt und ihre Symbolik. Köln ^{2}1986.
Kinsley, D.: Indische Göttinnen – Weibliche Gottheiten im Hinduismus. Frankfurt 1990.
Kirfel, W.: Symbolik des Hinduismus und des Jinismus. Stuttgart 1959.

Liebert, G.: Iconographic Dictionary of the Indian Religions – Hinduism, Buddhism, Jainism. Leiden 1976.
Mani, V.: Purāṇic Encyclopaedia. Delhi ³1984.
Mitchell, A. G.: Hindu Gods and Goddesses. London 1982 (Victoria and Albert Museum).
Moor, E.: The Hindu Pantheon, Delhi ²1981 (Erstausgabe 1810).
Parthasarathy, A.: The Symbolism of Hindu Gods and Rituals. Bombay ³1989.
Rao, T. A. G.: Elements of Hindu Iconography. 4 vols., New York ²1968.
Russek, R., Hansmann, C. & L.: Hinduismus – Bilderkanon und Deutung. München 1986.
Schleberger, E.: Die indische Götterwelt – Gestalt, Ausdruck und Sinnbild; Ein Handbuch der hinduistischen Ikonographie. Köln 1986.
Smith, H. D., Chary, M. N.: Handbook of Hindu Gods, Goddesses and Saints. Delhi 1991.
Stutley, M. & J.: A Dictionary of Hinduism – Its Mythology, Folklore and Development 1500 B.C. – A.D. 1500. Bombay 1977.
Vitsaxis, V. G.: Hindu Epics, Myths and Legends in Popular Illustrations. Bombay ³1979.
Werner, K.: Symbols in Art and Religion – The Indian and the Comparative Perspectives. Delhi 1991.
Werner, K.: A popular Dictionary of Hinduism. London 1994.
Wilkins, W. J.: Hindu Mythology, Vedic and Puranic. Calcutta ¹²1991 (Erstausgabe 1882).
Zimmer, H.: Indische Mythen und Symbole. Düsseldorf 1972.

Jainismus

Bhattacharyya, N. N.: Jain Philosophy, Historical Outline. New Delhi 1976.
Jain, K. Ch.: Lord Mahāvīra and his Times. Delhi ²1991.
Jaini, P. S.: The Jaina Path of Purification. Delhi 1979.
Schubring, W.: The Doctrine of the Jainas, described after the old Sources. Delhi ²1978.

Altindischer Materialismus

Chattopadhyaya, D. (Ed.): Cārvāka/Lokāyata: An anthology of source materials and some recent studies. New Delhi 1990.
Mittal, K. K.: Materialism in Indian Thought. New Delhi 1974.

Buddhismus – Philosophie und Religion

Bareau, A., Schubring, W., von Fürer-Haimendorf, Ch.: Die Religionen Indiens – Buddhismus, Jinismus, Primitivvölker. Stuttgart 1964 (Religionen der Menschheit Bd. 13).

Bechert, H., Gombrich, R. (Hg.): Der Buddhismus – Geschichte und Gegenwart. München 1989.

Conze, E.: Der Buddhismus, Wesen und Entwicklung. Stuttgart [2]1953 u. ö.

von Glasenapp, H.: Der Buddhismus, eine atheistische Religion. München 1966.

von Glasenapp, H.: Die Weisheit des Buddha. Wiesbaden o. J.

Küng, H., Bechert, H.: Christentum und Weltreligionen – Buddhismus. München/Zürich [2]1995 (Serie Piper 2130).

Meisig, K.: Klang der Stille – Der Buddhismus. Freiburg 1995.

Rahula, W.: Was der Buddha lehrt. Zürich 1963.

Sangharakshita: Die Drei Kleinode – Eine Einführung in den Buddhismus. München 1971.

Schlingloff, D.: Die Religion des Buddhismus. 2 Bde. Berlin 1962f.

Schmidt, K.: Buddhas Lehre – Einführung. Konstanz [2]1946.

Schumann, H. W.: Buddhismus – Stifter, Schulen und Systeme. München [3]1995 (Diederichs Gelbe Reihe Bd. 99).

Schumann, H. W.: Mahāyāna-Buddhismus – Das große Fahrzeug über den Ozean des Leidens. München [2]1995 (Diederichs Gelbe Reihe Bd. 114).

Der Buddha in Geschichte und Legende

Bareau, A.: Le Bouddha. Paris 1962.

Boisselier, J.: Buddha, Legende eines Auserwählten. Ravensburg 1995.

Brewster, E. H.: The Life of Gotama the Buddha, compiled exclusively from the Pāli Canon. London [2]1956.

Byles, M. B.: Footprints of Gautama the Buddha, being the Story of the Buddha his Disciples knew, describing Portions of his ministerial Life. Wheaton Ill. [2]1972.

Dutoit, J.: Das Leben des Buddha – Eine Zusammenstellung alter Berichte aus den kanonischen Schriften der südlichen Buddhisten. München-Neubiberg 1906.

Foucher, A.: La Vie du Bouddha d'après les textes et les monuments de l'Inde. Paris 1949 (Gekürzte Übersetzung ins Englische: The Life of the Buddha. Middletown Conn. 1963).

Hecker, H.: Das Leben des Buddha – Der innere und äußere Lebensgang des Erwachten, dargestellt nach den ältesten indischen Quellen. Hamburg 1973.

Ikeda, D.: The living Buddha – An interpretative Biography. New York/Tokyo 1976.
Klimkeit, H.-J.: Der Buddha – Leben und Lehre. Stuttgart/Berlin/Köln 1990.
Ñāṇamoli Bhikkhu: The Life of the Buddha as it appears in the Pāli Canon. Kandy 1972.
Naudou, J.: Buddha. Gütersloh 1973.
Nikkyō, N.: Shakyamuni Buddha – A narrative Biography. Tokyo ³1981.
Oldenberg, H.: Buddha – sein Leben, seine Lehre, seine Gemeinde. Stuttgart ¹³1959.
Pye, M.: The Buddha. London 1979.
Raven-Hart, R.: Where the Buddha trod. A Buddhist Pilgrimage. Colombo ²1966.
Rhys Davids, C. A. F.: Gotama the Man. London 1928.
Schumann, H. W.: Der historische Buddha – Leben und Lehre des Gotama. München ⁴1994 (Diederichs Gelbe Reihe Bd. 73).
Schumann, H. W.: Auf den Spuren des Buddha Gotama – Eine Pilgerfahrt zu den historischen Stätten. Olten/Freiburg 1992.
Thomas, E. J.: The Life of the Buddha as Legend and History. London ⁶1960.
Uhlig, H.: Buddha, die Wege des Erleuchteten. Bergisch Gladbach 1994.
Waldschmidt, E.: Die Legende vom Leben des Buddha. Graz ²1982.
Wickremesinghe, K. D. P.: The Biography of the Buddha. Colombo 1972.
Zotz, V.: Buddha mit Selbstzeugnissen und Bilddokumenten. Reinbek bei Hamburg 1991.

Der Buddha Gautama in der Kunst

Adam, L.: Buddhastatuen – Ursprung und Formen der Buddhagestalt. Stuttgart 1925.
Auboyer, J.: Buddha – Der Weg der Erleuchtung. Basel/Wien 1982.
Auboyer, J. u. a.: Handbuch der Formen- und Stilkunde: Asien. Stuttgart/Berlin/Köln/Mainz 1980.
Bachhofer, L.: Early Indian Sculpture. New Delhi ²1973.
Boisselier, J., Beurdeley, J.-M.: Kunst in Thailand. Stuttgart/Berlin 1974.
Bowie, Th., Griswold, A. B., Diskul, M. C. S.: The Sculpture of Thailand. Australia 1976/77 ohne Ortsangabe (Katalog einer Wanderausstellung durch neun Museen Australiens).
Coomaraswamy, A. K.: Geschichte der indischen und indonesischen Kunst. Leipzig 1927.

Coomaraswamy, A. K.: The Origin of the Buddha Image. New Delhi ^{2}1972.
de Silva-Vigier, A.: Das Leben des Buddha nach den alten Legenden und im Spiegel der Kunst. London 1956.
Frédéric, L.: The Temples and Sculpture of Southeast Asia. London 1965.
Franz, H. G.: Buddhistische Kunst Indiens. Leipzig 1965.
Grünwedel, A., Waldschmidt, E.: Buddhistische Kunst in Indien, 1. Teil. Berlin-Lankwitz 1932 (Handbücher der Staatlichen Museen zu Berlin, Museum für Völkerkunde).
Hallade, M.: Indien – Gandhāra, Begegnung zwischen Orient und Okzident. München 1968.
Huntington, S. L. & J. C. (Ed.): Leaves from the Bodhi Tree – The Art of Pāla India (8th–12th centuries) and its International Legacy. Seattle/London 1990.
Klimburg-Salter, D. E.: Buddha in Indien – Die frühbuddhistische Skulptur von König Aśoka bis zur Guptazeit. Wien 1995 (Kunsthistorisches Museum).
Krairiksh, P.: Das heilige Bildnis – Skulpturen aus Thailand. Köln 1979–80 (Ostasiatisches Museum; Katalog einer Wanderausstellung durch vier deutsche Museen).
Lad, M. P. (Ed.): The Way of the Buddha. Delhi 1956 (Govt. of India, Publ. Div.).
Lee, Sh. E.: Ancient Cambodian Sculpture. New York 1969.
le May, R.: A concise History of Buddhist Art in Siam. Rutland/Tokyo ^{2}1963.
Lommel, A.: Buddhistische Kunst. München 1968 (Staatl. Museum für Völkerkunde; Ausstellungskatalog).
Lommel, A.: Thailand – Plastik aus 15 Jahrhunderten. München 1964.
Lommel, A.: Kunst des Buddhismus aus der Sammlung des Staatlichen Museums für Völkerkunde in München. Zürich/Freiburg 1974.
Marshall, J.: The Buddhist Art of Gandhāra – The Story of the Early School. New Delhi ^{2}1980.
Nehru, L.: Origins of the Gandhāran Style – A Study of Contributory Influences. Bombay/Calcutta/Madras 1989.
Oshegowa, N.: Kunst in Burma – 2000 Jahre Architektur, Malerei und Plastik im Zeichen des Buddhismus und Animismus. Leipzig 1988.
Pal, P. (Ed.): The Light of Asia – Buddha Śākyamuni in Asian Art. Los Angeles 1983 (County Museum of Art).
Plaeschke, H.: Buddhistische Kunst – Das Erbe Indiens. Wien/Graz/Köln 1972.

Rau, H.: Die Kunst Indiens bis zum Islam. Stuttgart 1958.
Rau, H.: Stilgeschichte der indischen Kunst. 2. Bde. Graz 1986.
Rawson, Ph.: The Art of Southeast Asia – Cambodia, Vietnam, Thailand, Laos, Burma, Java, Bali. London 1967.
Rowland, B.: The Evolution of the Buddha Image. New York 1963 (Asia House Exhibition catalogue).
Seckel, D.: Kunst des Buddhismus – Werden, Wanderung und Wandlung. Baden-Baden ³1980.
Sharma, R. C.: Buddhist Art of Mathurā. Delhi 1984.
Sioris, G. A.: Hind and Hellas. Bombay o. J. (Themenheft der Zeitschrift Mārg, Bombay, Bd. 37 No. 2).
Snellgrove, D. L. (Ed.): The Image of the Buddha. Paris 1978 (Unesco).
Uhlig, H.: Das Bild des Buddha. Berlin 1979.
Vogel, J. Ph.: Buddhist Art in India, Ceylon and Java. Delhi ²1977.
Zwalf, W. (Ed.): Buddhism – Art and Faith. London 1985 (British Museum Exhibition catalogue).
Zimmer, H.: The Art of Indian Asia – its Mythology and Transformation. 2 Bde, New York ²1960 (Bollingen Series Bd. 39).

Anthologien indischer Religionstexte in deutscher Übersetzung

Bäumer, A.: Upanishaden – Befreiung zum Sein. Zürich/Köln 1986.
Frauwallner, E.: Die Philosophie des Buddhismus. Berlin 1958.
Geldner, K. F.: Vedismus und Brahmanismus. Tübingen 1928.
von Glasenapp, H.: Indische Geisteswelt. Bd. 1: Glaube und Weisheit der Hindus; Bd. 2: Weltliche Dichtung, Wissenschaft und Staatskunst der Hindus. Baden-Baden 1958 f.
Hillebrand, A.: Upanishaden – Altindische Weisheit. Düsseldorf/Köln ²1958.
Mehlig, J.: Weisheit des alten Indien. Bd. 1: Vorbuddhistische und nichtbuddhistische Texte; Bd. 2: Buddhistische Texte. München 1987.
Mensching, G.: Buddhistische Geisteswelt – Vom historischen Buddha zum Lamaismus. Baden-Baden 1955.
Mylius, K.: Älteste indische Dichtung und Prosa. Wiesbaden o. J. [1981].
Mylius, K.: Gautama Buddha, Die vier edlen Wahrheiten – Texte des ursprünglichen Buddhismus. München 1985.
Oldenberg, H.: Reden des Buddha – Lehre, Verse, Erzählungen. Freiburg/Basel ²1992.
Radhakrishnan, S., Moore, Ch. A.: A Source Book in Indian Philosophy. Princeton 1957.
Schrader, F. O.: Der Hinduismus. Tübingen 1930 (Religionsgeschichtliches Lesebuch Bd. 14).

Seidenstücker, K.: Pāli-Buddhismus in Übersetzungen. München-Neubiberg ²1923.
Weller, H.: Indische Lebensweisheit und Lebenskunst. Stuttgart 1950.
Winternitz, M.: Der ältere Buddhismus nach Texten des Tipiṭaka. Tübingen 1929 (Religionsgeschichtliches Lesebuch Bd. 11).
Zaehner, R. C.: Hindu Scriptures. London/New York 1966 (Everyman's Library Bd. 944).

Handbücher zu indischer Religion

Roy, A. K., Gidwani, N. N.: A Dictionary of Indology. 4 Bde., Delhi 1983–86.
Schuhmacher, St., Woerner, G. (Hg.): Lexikon der östlichen Weisheitslehren – Buddhismus, Hinduismus, Taoismus, Zen. Bern/München 1986.
Walker, B.: Hindu World – An Encyclopedic Survey of Hinduism. London 1968.

Register

Die diakritischen Zeichen in indischen Namen und Begriffen bleiben bei der alphabetischen Einordnung unberücksichtigt. Abkürzungen: B. = Buddhismus, H. = Hinduismus, J. = Jainismus, M. = Materialismus

Zum Autor

Hans Wolfgang Schumann, geboren 1928, studierte Indologie und Vergleichende Religionswissenschaft, war von 1960 bis 1963 Lektor an der Hindu-Universität in Benares, trat danach in den Auswärtigen Dienst der Bundesrepublik Deutschland ein und verbrachte 20 Jahre in konsularischen und diplomatischen Funktionen in Indien, Burma (Myanmar) und Ceylon (Śrī Laṅkā), zudem einige Jahre in den USA. Er war während einer Heimatstationierung in der Zentrale des Auswärtigen Amts in Bonn Referent für mehrere Länder Asiens und hatte 1985/86 einen Lehrauftrag für Buddhismus an der Bonner Universität. Von 1988 bis 1993 war Hans Wolfgang Schumann Generalkonsul der Bundesrepublik Deutschland in Bombay. Seitdem hat er als Reiseleiter Indien, Nepāl, Tibet und Bhutān mehrfach wieder besucht.

Weitere Bücher von Hans Wolfgang Schumann sind: „Der historische Buddha" (DG 73), „**Buddhismus – Stifter**, Schulen und Systeme" (DG 99), „Mahāyāna-Buddhismus" (DG 114), „Buddhistische Bilderwelt – Ein ikonographisches Handbuch des Mahāyāna- und Tantrayāna-Buddhismus" (alle im Eugen Diederichs Verlag), „Auf den Spuren des Buddha Gotama" (Walter Verlag).

DIEDERICHS GELBE REIHE
Die lieferbaren Bände

DG 1 I Ging
DG 5 Han Shan: 150 Gedichte vom Kalten Berg
DG 6 Das Totenbuch der Tibeter
DG 7 Heinrich Zimmer: Der Weg zum Selbst
DG 8 Helmuth von Glasenapp: Pfad zur Erleuchtung
DG 12 Hellmut Wilhelm: Sinn des I Ging
DG 13 Geshe Lhündub Söpa u. Jeffrey Hopkins: Der Tibetische Buddhismus
DG 14 Dschuang Dsi: Das wahre Buch vom südlichen Blütenland
DG 15 Upanishaden
DG 16 Mahabharata
DG 17 Über den Rand des tiefen Canyon
DG 18 Popol Vuh
DG 19 Laotse: Tao te king
DG 20 Annemarie Schimmel: Rumi
DG 21 Bhagavadgita / Aschtavakragita
DG 22 Kungfutse: Gespräche. Lun Yü
DG 23 Al Ghasali: Das Elixier der Glückseligkeit
DG 24 Basil Johnston: Und Manitu erschuf die Welt
DG 26 Le Saux/Abhishiktananda: Die Spiritualität der Upanishaden
DG 27 Idries Shah: Die Sufis
DG 28 Liä Dsi: Das wahre Buch vom quellenden Urgrund
DG 29 Tantra in Tibet
DG 30 Chang Chung-yuan: Tao, Zen und schöpferische Kraft
DG 31 Li Gi. Das Buch der Riten, Sitten und Bräuche
DG 32 Annemarie Schimmel: Und Muhammad ist Sein Prophet
DG 33 Heinrich Zimmer: Indische Mythen und Symbole
DG 35 Der Sohar. Das heilige Buch der Kabbala
DG 37 Annemarie Schimmel: Gärten der Erkenntnis
DG 39 Emma Brunner-Traut: Die Kopten
DG 40 Orpheus. Altgriechische Mysterien
DG 41 Lati Rinpoche/Jeffrey Hopkins: Stufen zur Unsterblichkeit
DG 42 Mong Dsi: Die Lehrgespräche des Meisters Meng K'o
DG 44 Thomas Hoover: Die Kultur des Zen
DG 45 Ramayana
DG 46 Germanische Götterlehre
DG 47 Hans Findeisen u. Heino Gehrts: Die Schamanen
DG 48 Christian Rätsch/K'ayum Ma'ax: Ein Kosmos im Regenwald
DG 51 Erfahrungen mit dem I Ging
DG 52 Franz Carl Endres u. Annemarie Schimmel: Das Mysterium der Zahl
DG 53 Gerhard Wehr: Die Bruderschaft der Rosenkreuzer